退職勧奨と雇用調整の超実務

日本イグジットマネジメント協会 著

労働新聞社

まえがき

　この本を手に取ってくれたあなた、もしくは、あなたの勤める会社は厳しい状況にあるかもしれません。中にはこれから人員削減やリストラクチャリングを敢行しなければならないかもしれません。

　本書の副題にあるとおり、全世界的に新型コロナウイルスが猛威をふるっている2021年1月5日現在、同ウイルスによる死者は日本国内で3500名弱となっております。そして、このウイルスによって生命の危険はもちろんのこと、世界の経済はもちろん、日本の経済にも多大なる影響を与えています。

　東京商工リサーチが発表した2020年の1月～6月の企業の早期退職および希望退職の件数は41件となり、2019年の1月～12月の早期・希望退職の件数をすでに超えている状況です。業種は外食産業や宿泊サービス業、旅行代理店など対人サービス業が多くを占めていますが、そのほかにも製造業や不動産業も含まれています。

　つまりこの新型コロナウイルスの流行によって、会社がこれまでと同じ形態では維持ができなくなってきているということです。その変化の一環として、一部の会社では人員を削減する必要に迫られています。

　そして今発表されている多くは、株式を上場している中堅以上の会社ですが、当然のことながら中小企業も苦境に立たされています。中堅以上の企業は希望退職を実施するにあたって外部のコンサルティング会社がリスクコントロールをしていますし、特別退職金を退職者に多く支払ったり、再就職支援サービスを退職者に付与することができますが、中小企業にはそこまでの資金力が無いところが多いでしょう。

　本書がこれまでの解雇や退職勧奨に類する本と決定的なちがいがあります。

それは中小企業がリスクを最小限に抑えながら、人員整理を行うことができるための実務的な内容を書いているという点です。

　この本を読み終えたとき、あなたは退職勧奨や解雇についての知識だけでなく、実務として何をしたらよいかがわかります。当協会の代表は20代の頃から多くの会社の人員削減に第一線で関わってきました。その多くは従業員数100名以下の中小企業です。

　中小企業の経営者の中には、いまだに「明日から来なくていい」、「おまえはクビだ」など従業員に対して威圧的な発言をする方が珍しくありません。このような発言が生まれる状況は、会社にとっても従業員にとってもいいことだと思えますか？　この本を書くに至ったのは、退職勧奨や解雇はまちがったやり方をすると会社と従業員のどちらも不幸にしてしまうと確信したからです。まちがったやり方をすることによって、会社にとっては多額の和解金や賠償金を支払わなければならなくなる可能性が発生し、訴訟に発展したときには手続きに膨大な時間を要します。従業員にとっても同様で、まちがった退職勧奨は従業員の不安を駆り立て、ときには精神に疾患をおよぼすこともあります。なにより、まちがったやり方で辞めさせられる従業員は後ろ向きな感情を持ちます。これでは自身のキャリアを前向きに積み上げる気持ちになりません。

　この本を手に取っていただいた方の中で実務に携わる方には、退職勧奨を行う会社と退職勧奨を受ける従業員の両者が未来に向かって前向きになれるよう、正しいやり方を身に付けていただき、激動の時代に生きる個人と会社が次の一歩をふみだせるサポートをしていただきたくことを切に願っています。

2021年1月

著者

目　次

第一章

従業員の退職に伴う
法的知識の理解

スポーツをするにしてもゲームをするにしても、ルールを知らないと円滑に進めることができません。そればかりか、ルール違反によって失格になってしまうこともあります。

　ですから本書の冒頭に法的知識をお題目として持ってきました。解雇や退職勧奨の話をする以前に基本的なルールだけは知っておいてほしいのです。

　「今まで人事をしていたけど、こんなルールは知らなかった…」という方も多いと思いますが、心配しないでください。普通の企業の経営者や人事はこれから解説する労働関係の法律や判例法理を理解しているかといえば、理解されているケースのほうが稀です。

　ただし、法律や判例法理を知らずに手法だけを学んだとしても本質的な理解が進みませんし、「なぜ」が理解できていないと突発的な事項に対応できなくなります。

　本書のテーマである退職勧奨や解雇に関わる民法や労働基準法の内容をすべて暗記しないといけないのか？　というとそんなことはありませんが、最低限の知識として持っておくべきことを本章でお伝えしていきたいと考えています。

1 雇用契約とはどのように成立するのか

　この問いを投げかけたときに、よく返ってくる答えがあります。

　それは「雇用契約書を取り交わしたとき」というものです。でもよく考えてみてください。日本の上場企業のサラリーマンの生涯年収は２億～３億円です。しかし、上場企業に入社したときに３億円の雇用契約書を結ぶことがあるでしょうか？　答えはNOです。雇用契約書には採用

時の月額の賃金とその内訳、雇用期間、就業場所などが書かれていますが、雇用期間の定めがない場合においても生涯年収が記載されていることはありません。

　みなさんが住宅を購入するとき、車を購入するとき等の高額な契約を交わすときには必ず書面をもって締結しているはずです。

　しかし、雇用契約ではその後の報酬がどうなるかわからないですし、会社がどうなるかもわからないのです。かつての日本企業の平均寿命は30年といわれてきました。しかし時代の変化の速さはさらに加速しており、さらに短命になっています。つまり、終身雇用は終わり、転職することが当たり前の世の中になってきているのです。

　話が少し逸れました。では雇用契約とはどのようになれば結ばれるのか。その答えは明確です。**「労働者が使用者に使用されて労働し、その対価として報酬を支払うことについて使用者と労働者が合意すること」** によって雇用契約は成立します。

　例えば、コンビニのアルバイト募集に応募して面接をしたＡさんがいたとしましょう。このＡさんと面接をしたコンビニの店長が「じゃあ明日から週３日でシフトに入ってください。はじめの時給は950円です」といいました。Ａさんはこれに対し、「わかりました。では明日からよろしくお願いします」といったような会話が行われたとしましょう。もちろん、労働条件通知書や雇用契約書は交わしていません。しかし使用者は労働に対し報酬を支払うことを約束し、従業員もこれに対し合意したということになるので、この雇用契約は成立しているのです。

　世の中には労働条件通知書を交付していない会社も多くあります。特に飲食店や小売店などのアルバイトでは、ほとんど雇用契約を書面で交わしていることはないと思われます。しかし**口約束であったとしても当然のことながら雇用契約は成立します。**

　このことを念頭において話を進めていきます。

2 解雇の種類には どんなものがあるか

　本書を手に取っていただいた方には釈迦に説法かもしれませんが、改めて共通の認識を持っておきたいためご説明します。解雇には大きくわけて3つの種類があります。

　1つ目は「懲戒解雇」です。テレビなどで公務員の懲戒処分（公務員は懲戒免職といったりします）のニュースが流れることがあります。懲戒解雇とは、従業員が法律違反（例えば飲酒運転による死亡事故・薬物に関わること）や悪質で悪意のある規律違反（企業の秘密情報の漏洩）を行ったときに、懲戒処分として行う解雇のことです。ただし、就業規則に懲戒処分となる事柄が具体的に定められており、その処分の理由が明確であることが必要となります。

懲戒解雇を行うまでの手順（参考）

懲戒事由となりうる問題の発生
※解雇事由となるか就業規則を確認

問題の調査・当事者および周辺からの聴取調査を実施

懲戒事由にあたるか、就業規則に照らし合わせて検討

就業規則に則って、手続きを進める
※弁明の機会を与える、懲罰諮問委員会による協議

処分内容（解雇以外には戒告や減給など）の決定

対象者への解雇予告および、懲戒解雇通知書を手渡す

処分の実施および退職の手続き（離職票等の手続き）を行う

　ちなみに、常時10人未満の従業員を雇用している事業所では就業規則が定められていないことがほとんどですが、その場合においては雇用契約書や労働条件通知書、内定通知書等に懲戒処分となる場合の事柄について明記しておく必要があります。

　そして、懲戒解雇を行う際には原則として本人に弁明の機会を与えること等の手順を踏むことが手続き上、必要なこととなっています。

　従業員にとって懲戒解雇は**従業員の理由によって行われる処分のなかで最も重い処分**です。採用を行う会社のなかにはリファレンスチェック（採用予定者の前職での勤務状況や人物像、退職理由などについて関係者に問い合わせること）を実施する会社も一定数あります。懲戒解雇をされた従業員にとっては、リファレンスチェックが行われる会社では採用される可能性は極めて低いといえるでしょう。

　ですから、使用者にとっても面倒な手続きが必要な懲戒解雇を行う前に、従業員にとって懲戒解雇よりもメリットがある退職勧奨を行うことを強くお勧めします。

　2つ目は「普通解雇」です。これは従業員の能力不足・無断欠勤や遅刻が多いなどの不誠実な勤務態度・業務命令違反・病気やけがによる就業不能など**従業員の責を理由に行われる**解雇です。一般的な解釈として、普通解雇は懲戒解雇よりも軽いものと位置付けられています。

　ここで留意すべき点として、何回の無断欠勤をしたら、どの程度の業務命令違反をしたら解雇処分をできるのかは明確にはなっていません

が、客観的にみて解雇処分が合理的である必要があります。会社側の対応としては解雇処分を行うまでにエビデンス（証拠）を積み上げていくことは絶対条件といえます。どんなことがエビデンスになりえるかというと、わかりやすいのは始末書や顛末書のような書面で形に残る証拠を積み上げていくことが挙げられます。タイムカードで遅刻や無断欠勤がわかる場合もあるかと思いますが、その遅刻や無断欠勤の理由が従業員の怠慢によるものであることまで明確に示すことはできません。そのため始末書や顛末書のように従業員自身に事実とその理由を記載させ、会社として改善を促したという事実を積み上げていくことで、客観的にみて処分が合理的であるというエビデンスになります。

　3つ目は「整理解雇」です。これは、業績が悪化した企業が事業継続の困難を理由に行う最終手段です。最終手段といういいまわしをしたのは、人員削減をしないと事業の存続ができない状態にならないと整理解雇は実施できないからという理由です。一般的な表現でいう「経営不振や業績悪化」というだけでは整理解雇は実施できません。実施にあたっては非常に厳しい要件を満たす必要があります。

　そして、この整理解雇はこれまで紹介した懲戒解雇や普通解雇と明確に異なる点があります。それは**懲戒解雇と普通解雇は従業員の責によって行われる**ものであり、整理解雇は**使用者（会社）の責**によって行われるものであるということです。

　では、この整理解雇を実施するにあたっての厳しい要件とは何かを次項で触れていきます。

Check Point 1　リファレンスチェックについて

　リファレンスチェックは、近年、日本企業でも行うことが多くなってきているので解説しておきます。

　リファレンスチェックとは、外資系企業では古くから行われている採用選考の過程においてとられている手法であり、「選考過程の求職者の前職における勤務状況および性格や人柄、人間関係等について前職の関係者に確認をとること」です。

　近年このリファレンスチェックを行う企業が増加している理由として、「採用してから定着してくれる人材かどうか」という観点と、「面接において話している内容と相違がないか」という観点があります。

　特に幹部人材の採用に関しては実施されるケースが多く、リファレンスチェックを専門に行う会社も存在しています。実際のチェックは、企業が直接行う場合と外部に委託して行う場合があります。

　明確な時期は不明ですが、昔からリファレンスチェックを専門に行う会社は存在していました。そして求職者に対してリファレンスチェックを行うことを開示せずに実施している会社も多々あったようですが、近年では個人情報保護法にもとづく「あらかじめ本人の同意を得ないで、特定された利用目的の達成に必要な範囲を超えて、個人情報を取り扱ってはならない」という考え方にもとづき、採用選考の過程でリファレンスチェックが行われることを求職者に開示して行われることが一般的になってきています。

　リファレンス先の選定については、求職者がリファレンス先を選考先企業に紹介するパターンと、選考先がみずからリファレンス先を探すパターンがあります。

　具体的な手法として、主に電話で行うケースがもっとも多く、そ

れ以外の手法としてはアンケートのように書面を用いたやり方や、実際に前職の関係者と面談をすることもあります。

最近ではアプリケーションを活用した手法もあり、従来よりも手間がかかることなく実施できるようになっています。

リファレンスチェックの説明をしましたが、お伝えしたい重要なことは、従業員にとっても**辞め方は重要**だということです。虚偽の退職理由は懲戒事由にもなることも踏まえると、前職を円満に退職することは重要なことです。会社も従業員も把握しておいてほしいポイントです。

3 整理解雇が認められるケースとはどんなときか

整理解雇にはこれまでの判例法理によってこれから記載する4つの要件を満たす必要があります。

（1）人員整理（削減）の必要性

人員を整理しなければならない経営上の理由・妥当性が認められないといけません。

例えば、人員削減をしないと数か月後には会社の資金がショートし倒産に追い込まれるような状況が挙げられます。ただ単に会社の業績が赤字というだけでは、認められる可能性は低いということです。認められないとはどういうことか、例えば整理解雇を実施し、余剰人員の削減を行ったはいいものの、元従業員から解雇不当として訴訟が起こります。

この解雇不当が認められると、判決が出るまでの期間分の賃金支払いや賠償金が発生するケースもあります。お金の問題だけではなく、訴訟

にかかわる時間は膨大なものとなることでしょう。

（2）解雇回避努力義務

　整理解雇を行うまでに、解雇をしないための努力（行動）をしたかということです。

　具体的には、役員報酬カット、早期退職・希望退職者の募集の実施など、整理解雇を回避するための行動をとったかという事実をもって判断されます。

　ちなみに早期退職と希望退職の違いについては次項の図にまとめています。

	早期退職制度	希望退職制度
目的	人員削減を目的としておらず、従業員のセカンドキャリアを支援する目的。	人員削減（固定費・人件費の削減）を目的として実施される。
制度の時期	原則として常設の制度	期間限定の制度
進め方	従業員の自由意思にもとづいて応募	会社側が積極的に従業員に応募を勧めていく。 ※ただし、強制ではない。あくまでも、本人の意思優先。
インセンティブ	セカンドキャリアを支援する目的だからこそ、退職金に加えて、退職加算金を支給して退職する方を優遇する措置をとる。 もしくは、社外転進（転職）をするための期間、現職の会社に所属したまま転職活動を認めるケースもある。	退職金に加えて、退職加算金を支給することがほとんど。大手企業の場合は再就職支援を付けることが多い。 上記に加えて、社外転進（転職）をするための期間、現職の会社に所属したまま転職活動を認めるケースもある。
退職の種類	自己都合退職	会社都合退職

（3）被解雇者選定の合理性

　解雇される従業員の人選の基準が明確で合理的かどうかが問われます。

　つまり「なぜ」その従業員たちが選ばれたのかを明らかにする必要があります。具体的な例としては、一定の評価基準（営業成績・勤務成績）によって選定されていることや、不採算部門であり、かつ、他の部門では従事させることができないことなどです。

（4）解雇手続きの妥当性

　労働組合や従業員代表と十分に協議（妥当性を説明）し、納得を得るための努力を尽くしているかどうかが問われます。中小企業では労働組合が無いことがほとんどですが、組合がないから協議しなくて良いというものではなく、従業員代表と十分に協議をする必要があります。そして、協議する中で充分に会社のおかれている状況を説明し、理解を得ることの努力（行動）をする必要があります。ただし、協議によって合意を得られることがベストですが、合意を得られないとしても整理解雇を実施することは可能です。

4 解雇が認められない「解雇権の濫用」について

　この解雇権濫用の判決が出たのは、今から40年以上前に遡った昭和52年の高知放送事件が初めての事例です。判決文の一部を紹介します。

　「普通解雇事由がある場合においても、使用者は常に解雇しうるものではなく、当該具体的な事情のもとにおいて、解雇に処することが著しく不合理であり、社会通念上相当なものとして是認することができないときには、当該解雇の意思表示は、解雇権の濫用として無効となる」

　事件のあらましを簡単にご説明しますと、ラジオ放送局のアナウンサーが担当する早朝のラジオニュースにて、２週間に２回の寝過ごしによる放送事故を起こしました。そして、２回目の放送事故については上司への報告をせず、後に事故報告書を求められ、事実と異なる報告書を提出した、というものです。

　そこで、会社はこのアナウンサーを普通解雇の処分としました。このアナウンサーの行為は**就業規則所定の懲戒事由に該当する**ので、懲戒解雇とすべきところ、**再就職など将来を考慮して普通解雇**としました。

　これに対し、アナウンサーは処分が不当であり、自身はまだ高知放送の従業員であるとして解雇不当の訴訟を起こしました。

　結果として、このアナウンサーの訴えは認められ、従業員側の勝訴となりました。

　この判決から以降、会社側が一方的な都合によって従業員の解雇をすることに制限が加わり、解雇をすることが難しくなりました。著者の感覚ではこの判決は正しいと思いますし、解雇が簡単にできるというのは認められるべきではないと考えます。

　過去を知り、現在の法理を知っていただくためにご紹介させていただきました。

5 解雇とはまったく異なる「合意解約」について

　では会社は従業員と期間の定めのない雇用契約を結んだ場合、解約できないのかというと、そうではありません。契約は双方の合意をもって成立するものですから、合意を得られれば雇用契約も解約できます。

　雇用契約を解約する方法は３つあります。１つ目はすでにご紹介した会社から一方的に契約の解除を申し入れる「解雇」です。２つ目は従業

員が自身の意思によって退職を決意し、会社に申し入れる「辞職（自己都合）」です。3つ目が今回ご紹介する「合意解約」です。合意解約は会社側と従業員側が歩み寄って、雇用契約を合意の上で解約することです。馴染みのない言葉かもしれませんが、合意解約を行っている事例は2020年の上半期だけで40件以上にのぼります。大手企業の希望退職者募集に関するニュースは目にしたことがある方も多いと思います。この希望退職の募集に応じるということは「合意解約」をしたということになります。そして、多くの方はご存知ないかもしれませんが、この希望退職の募集は「退職勧奨」がセットになっています。

　勘違いしないでいただきたいのは、希望退職者の募集をしなければ退職勧奨ができないというわけではありません。あくまで希望退職には退職勧奨がセットになっているという事実をお伝えしました。

　次章以降でこの退職勧奨の実施するための流れをご紹介していきます。

解雇の種類まとめ

懲戒解雇

　従業員が重大な法律違反（例えば飲酒運転によるひき逃げ、薬物使用、傷害事件など）を起こした場合の措置。

　※ただし、就業規則や雇用契約書に定めておく必要がある。

普通解雇

　無断欠勤や遅刻が多い、不誠実な勤務態度であることなどが客観的にみて明らかである場合の措置。

　※証拠・エビデンス（始末書や顛末書など）を積み重ねておく必要がある。

整理解雇

　業績悪化した企業が事業の継続を困難になることを理由に行う場合の措置。※整理解雇の4要件を満たす必要がある。

つまり、解雇は相当な理由が無いと認められない！

退職の種類まとめ

意思の主体者	分類	具体的な手段
従業員	辞職	・自己都合退職
従業員と使用者	合意解約	・希望退職 ・退職勧奨
使用者	解雇	・懲戒解雇 ・普通解雇 ・整理解雇

Check
Point
2
事業譲渡・会社分割・会社解散した場合の対応について

＜事業譲渡のケース＞

　事業譲渡とは、ある会社が運営している一部の事業を他社に売却するM&Aの手法の1つです。例えばA社という会社があったとして、A社のB事業部だけをC社に金銭や株式と引き換えに譲り渡すという行為を指します。

　このような事業譲渡や会社分割が行われる場合に際して、労働者の保護を目的とした法律として『**労働契約承継法**』があります。

　法律の適用範囲となるのは、パートや嘱託社員も含む従業員全般

となり、事業譲渡や会社分割を行う際には事前に従業員に理解を得るための十分な説明をする努力や、事前通知を実施する必要があります。

　細かな説明は省きますが、事業譲渡や会社分割による従業員の解雇は認められません。

　このことを前提として、このA社の事例をみていきましょう。

　では、今回のケースでA社のB事業部にいる従業員はどうなるかといいますと、選択肢は３つ考えられます。

　１つ目はC社に転籍するという選択肢です。

　転籍するということは雇用元がA社からC社に変わるということですから、譲渡元であるA社の合意・譲渡先であるC社の合意、そして、従業員自身の合意が得られて初めて転籍が成立します。

　前述のとおり、A社を退社してC社に入社するということになりますから、労働条件はC社の提示する労働条件が適用されることとなります。

　２つ目はA社に残留するという選択肢です。

事業譲渡の場合（A社の○○事業をC社に譲渡する場合）

- 異動
- A社
- 譲渡契約
- C社
- 退社・入社
- B事業部労働契約
- 譲渡先の労働条件に同意
- 譲渡先に行きたくない
- 従業員
- 譲渡先の労働条件に同意しない
- ■退職金上積み　■再就職支援
- 異動
- 退職

●グループ外企業への場合への転籍については
　基本的に、グループ外企業への譲渡の場合、雇用条件は新採用／新条件が適用される

　B事業部が譲渡されるからといって、B事業部に在籍する従業員が譲渡先のC社に転籍しなければならないということはありません。従業員がA社に残ることを選択した場合においては、A社は別の事業部に配置転換をすることを検討しなければなりません。つまり、従業員の合意なく譲渡先に転籍させることはできませんし、当然ながら解雇することもできません。

　3つ目の選択肢は従業員がA社を退社するという選択肢です。

　日本国憲法で職業選択の自由がある以上、従業員には自身が働く会社を選択する自由があります。従業員自身の意思によって自己都合退職することも十分考えられます。

　ただ、現実問題として譲渡先に転籍することを拒否する場合においては、退職金の上積みや退職加算金などを支給することを前提に退職勧奨をしている例も多くあります。

＜会社分割のケース＞

　事業譲渡と内容は似ていますが、仮にA社という会社があったとして、A社のB事業部を1つの会社として独立させて、会社を分割

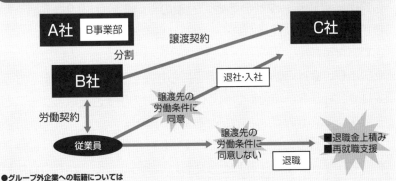

事業譲渡の場合Ⅱ（A社の○○事業を分割後にB社に譲渡する場合）

●グループ外企業への転籍については
基本的に、グループ外企業への譲渡の場合、雇用条件は新採用／新条件が適用される

するようなことを会社分割といいます。

　そして分割したＢ社（もともとのＢ事業部）を分割後にＣ社に譲
渡するようなケースを想定します。この場合では、Ｂ社の従業員は
すでにＡ社との雇用契約は存在していません。

　この場合の従業員がとることができる選択肢は２つです。

　１つはＣ社に転籍するというケースです。この場合の前提条件は
Ｂ社を退社して、Ｃ社に入社するということです。そして入社に際
してはＣ社の労働条件に合意するということです。

　もう１つの選択肢としてはＢ社を退社して、Ｃ社ではない他の転
身先を探すというケースです。どういった場合にこのケースが起こ
りうるかというと、Ｂ社の従業員がＣ社の労働条件に合意できない
ときに起こり得ます。Ｂ社の対応としてはＣ社に転籍できない従業
員に対しては、退職金の上積みと転職支援や再就職支援を行うこと
がほとんどです。

＜会社解散のケース＞

　会社解散とは、会社自体がその事業活動をやめることをいいます。
会社自体がなくなってしまうという理解で構いません。

　昨今では経営者の高齢化が進んでおり、帝国データバンクが発表
している最新データをみると、社長の平均年齢は59.9歳という数
値が出ています。間違いなく今後も社長の年齢は高齢化していくこ
とでしょう。

　つまり、会社の営業成績は黒字にもかかわらず、事業を継承する
人材や会社がない場合については会社解散の手続きを取るケースも
今後増えてくるのではないかと考えています。

　この会社解散のケースにおいて、「会社が無くなるから、従業員
を当然ながら解雇できる」と考える方もいらっしゃるかもしれませ
んが、会社が黒字で解散する場合においてはその限りではありませ

ん。整理解雇の４要件が適用されるケースがあるということです。

　仮に黒字解散を行い、従業員の整理解雇を行ったとしても、あとになってから解雇された従業員から解雇無効の訴えを起こされた場合、解雇から数か月分の賃金を支払うような仮処分を受ける可能性もありえます。

　結論として、会社解散を行う場合においても、労働組合があれば組合と、組合がなければ従業員代表を中心に十分に協議をし、退職金の上積み支給等を検討したほうが後の憂いを取り除くことができ、従業員にとっても前向きに転進することができるということになります。

第二章

退職勧奨を
実施するための
スキーム

1 中小企業ならではのやり方

　インターネットで「退職勧奨」と検索すると、関連するワードに「違法」という言葉が出てきます。まず初めにお伝えしたいことは、**退職勧奨は合法**であるということです。

　では、なぜ関連ワードに「違法」という言葉がでてくるのか。答えは明確で、退職勧奨は**やり方を間違えると違法**になるということです。そして、その違法となる行為は退職勧奨の面談のやり方に起因します。では、退職勧奨とは具体的に何をしたらいいのでしょうか。ここでは大企業が実施するような希望退職募集ではなく、中小企業がどのように退職勧奨を進めていけばよいのかを順を追ってお伝えしていきます。大企業のように大勢の従業員を対象にしたやり方ではなく、少数の従業員に対して退職勧奨を行うことを想定したやり方です。

2 退職勧奨に必要な準備①
（退職の動機付けとなる「インセンティブ」の設計）

　退職勧奨を実施するということは、自身の意思で退職するつもりがない従業員に退職を促していくことになります。退職をする従業員にとっては2つの大きなデメリットがあります。今まで得られていた収入が今後なくなるという経済的なデメリット、そして、代わりの収入を得るための手段として再就職をする場合が多いですが、その仕事がみつかるかどうかわからないという2つです。

　つまり、退職勧奨を円滑に進めるためには経済的不安を軽減するための手段として「特別退職金や退職加算金」を支給する準備が必要となり

ます。企業規模や業種によって金額はまったく異なりますが、参考までに中小企業の事例に関わってきた著者の感覚では、月額賃金の３か月～12か月分を支給することが多いと考えます。

　そして、次の仕事がみつかるかどうかわからない不安を軽減するために、大企業では再就職支援を専門とする会社に依頼します。ですが中小企業では予算も限られるため、そこまですることは稀です。多くの場合は公的機関であるハローワークに行ってみるよう促すことや、費用がかからない再就職・出向支援をしている産業雇用安定センターに依頼するケースがほとんどです。このように退職する従業員の今後のことも考えた上で退職の動機付けを設計することで、会社と従業員の双方にとって、できる限り前向きな退職を実現していきます。

3 退職勧奨に必要な準備②
（対象者の選定と過去～現在の把握）

　ここでは退職勧奨をする対象者をどうやって選定していくのか、そして、選定した対象者の何を把握しなければならないかをお伝えしていきます。

　まずは対象者の選定についてです。当たり前のことですが、好き嫌いによる選定はするべきではありません。整理解雇の4要件で「被解雇者選定の合理性」についてお伝えしましたが、それとは異なります。目指すゴールは雇用契約の「合意解約」です。とはいえ、退職勧奨を受ける従業員に退職勧奨を行う理由をきちんと伝えなければなりません。その理由が従業員にとって納得できるものでなければ、思いもよらない反発を受けます。例えば面談の中身がハラスメントと受け止められれば、これまでもお伝えした「訴訟に発展するリスク」があります。また、対象の従業員が労働基準監督署に相談をした場合などは、労働基準監督署か

らの事実確認や立ち入り検査に発展することもあり得るでしょう。そんなことにならないためにも、対象者は合理的な基準で選定する必要があるということです。

　そして、対象者を選定した後は、対象者の情報を集めていきます。具体的には過去から現在に至るまでの評価（複数の部署で適性があるかみてきたが難しい）やパフォーマンスが低い（直近の何期目標を達成できていない、達成率が平均値と比較して著しく低い）や身体・精神に疾患があり休養しているなど、評価に関わることや異動歴、勤続年数、同期入社は誰か、などできるだけ情報は多い方が後のトラブル回避につながります。

　この対象者の把握を事細かにする理由としては、大きく２つあります。１つ目は現状把握をすることが、面談のシナリオを作るための基本情報になるということです。そして２つ目は面談を進めていく中で「あなたはそんなことも知らないで面談をしているのか」という反発をされないようにするためです。普段の業務上のコミュニケーションにおいて、上司が部下から反発されることはそれほど多くないと思いますが、退職を勧められるという状況においては反発されることが充分に予想できます。

　そして気を付けるべきは、反発に対して業務上のコミュニケーションのように上から物をいわないことです。退職勧奨面談において、上司は使用者の代理として部下と面談をすることになります。つまり、使用者と従業員は対等な立場ですから、対等な立場として丁寧に応対することが求められます。このように反発があることを想定して多くの情報を集めておくことは重要な準備の１つとなります。

4 退職勧奨に必要な準備③
（労働組合・マスコミなどへのリスクの検討）

　退職勧奨にはこれまで解説してきたように、会社にとってさまざまなリスクが考えられます。そのうちの１つが労働組合への対応です。重要なことなので何度もお伝えしますが、自社に労働組合が無いとしても、この対策は必要です。理由は社外の労働組合が介入してくる可能性があるからです。

　まず自社に労働組合がある場合ですが、退職勧奨を実施する前に労働組合の幹部（委員長をはじめとした三役）に対して、退職勧奨を行う理由を十分に説明しておくことが必要になりますので、説明をするための準備をしておく必要があります。説明する内容としては、会社のおかれている状況（業績・業界の市況・今後の見通し等）および退職勧奨を行う対象（○○事業部の成績下位者３％等）とその理由（改善指導をしてきたが改善しない、部署異動させることも難しい等）を丁寧に説明していきます。そして、説明をした上で想定される質問や反発への対応も事前に打ち合わせの上、対策を立てておく必要があります。ただし、労働組合の許可をもらわないといけないわけではありません。充分な説明をすることで、会社にとって大きい反発が起こらないようにします。つまり、労働組合の幹部が組合に加入している組合員に対して、納得できるような説明をすることができるように、あらかじめ幹部に対しては会社から伝えておくということです。

　社内の労働組合の場合は上記のとおりです。社外の労働組合が介入してくるケースとしては、退職勧奨の面談を開始してからがほぼすべてです。退職勧奨をされている従業員が社外の労働組合に相談することで介入してくるというわけです。肝心の社外の労働組合が介入してきた場合についてですが、はじめに起こすアクションとして多いのが団体交渉の

申し入れです。この団体交渉については、十分に準備をしておく必要があります。

　主に行う準備としては、適切な日時と場所の確保、出席者および人数についての事前取り決め、議題について交渉前に事前に確認しておくこと、会社側出席者の意見を一致させておくこと等が挙げられます（※最終章のQ&Aで詳細な解説をしています）。

　準備は事前にしておき、外部のコンサルタントや社労士に相談するだけでなく、できれば**弁護士も交えて対策を練ることが望ましい**です。なぜなら、弁護士ではない外部の人間が団体交渉の現場で代理交渉をすることは非弁行為にあたり違法となるからです。代理交渉が必要ない場合、弁護士は必要ありませんが事前に十分な準備が必要となります。

　次にマスコミ等のメディア対策です。率直にいえば、中小企業の退職勧奨くらいで大きなニュースになることはまず考えられません。重要なので何度も伝えますが、退職勧奨は合法だからです。ただし、油断をしてはいけません。退職勧奨を行っていく中で第三章にて詳しく説明する「面談シナリオ」を作成していきますが、この面談シナリオが流出するとなると話は変わってきます。

　今はマスコミに取り上げられる前に一個人でもツイッターやフェイスブックなどのSNSで全世界に情報発信ができる時代です。いくら合法的な行為だとしてもシナリオなどの実際に存在するモノをアップされることは、あらゆる方面から注目される可能性が高く、結果として、マスコミも取り上げるといったことになりかねません。退職勧奨に関わる資料は厳重に管理し、印刷をすることも控えることをお勧めします。他にマスコミ関連で考えられるものとしては、音声を録音され録音データが流出するといったリスクも考えられます。

　しかし結論から申しますと、録音されても問題がないようなシナリオを作り、そのとおり進めていくほかないということです。今はスマホの録音機能をオンにしたままポケットに忍ばせておいても録音できます

し、ボールペンの形をしたレコーダーも安く手に入れられます。身体検査をしてから面談をするというのは、お互いの信頼関係を面談の前から損ねてしまいますから、絶対にやってはいけません。そうなると、結論で申し上げたとおり、録音されてもよい内容にすることが重要だということです。

　その他に起こりうるリスクとしては、人権問題にかかわるものが考えられます。例えば、会社の業務が原因の傷病や疾患を患っている従業員に対して退職勧奨を行っていくことは困難です（労災療養中の解雇については、Check Point 3 参照）。例えば業務の中で機械装置を操作している中で腕や指を欠損した、または過重労働により精神に支障をきたす等、働くことが困難になった従業員の選択の自由を奪うことになり、退職勧奨ではなく、退職の強要と取られる可能性があります。考えられる最悪のものとしては対象者が自死を選ぶリスクもあります。

　このような理由から特に精神に疾患をかかえている従業員には慎重に慎重を期して面談に臨む必要があります。今の時代、精神に疾患をかかえる方は多く見受けられます。適応障害、統合失調症、うつ、さまざまな疾患があります。なかには精神疾患ではない方もおられますが、しかし診断書を無視するわけにはいきません。精神に疾患をかかえる方に対しての退職勧奨はお勧めしません。どうしても退職勧奨を実施する必要がある場合は産業医との面談をセットにし、リスクを軽減するための施策を準備しておくことをお勧めします。

精神に疾患を抱える従業員の職場復帰について

　最近多く寄せられる相談として、精神疾患を患ってしまっている従業員の方への対応についてです。その中でも特に多いのが、一定の休業期間を設けた後であれば、解雇することはできるのかというものです。

　労働基準法第19条では「労働者が業務上負傷し、又は疾病にかかり療養のために休業する期間及びその後30日間並びに産前産後の女性が第65条の規定によって休業する期間及びその後30日間は、解雇してはならない。ただし、使用者が、第81条の規定によって打切補償を支払う場合又は天災事変その他やむを得ない事由のために事業の継続が不可能となった場合においては、この限りでない」とあります。

　つまり、疾病や疾患（精神を含む）が業務上の理由によるものであれば、治療期間中における解雇は原則としてできません。では従業員のプライベートな理由である場合はどうかといいますと、就業規則における病気療養における休業期間の取り扱いを確認していただき、休業期間の満了の際に職場復帰ができない場合においては、労務提供が不可能であるとの理由で解雇は有効であると考えられています。

　ただし、精神疾患の理由が業務上の理由であるかどうかについては、専門家でも判断が難しいものです。ですから、専門家である医師や産業医と相談しながら、会社としての対応を慎重に進めていくことが必要になります。

　今後も精神・メンタルの疾患に関する労務トラブルは増加することが予想されます。

　会社の対応として、従業員とのコミュニケーションを社内だけに任せるのではなく、産業医との面談や社外のキャリアコンサルタントやキャリアカウンセラーと従業員に接点を持たせることで、早期に問題になりそうな事柄をキャッチし、解決できる仕組みを構築することが有用だと考えます。

5 退職勧奨に必要な準備④
（面談の詳細設計5W1H）

　退職勧奨には面談は絶対に必要なことです。面談の中身によっては強迫や強要となり違法となることも、決して珍しくありません。全体の設計図を事前に描いておく必要があります。では何を設計する必要があるかをお伝えします。

　When……面談はいつからいつまで実施するのか、退職の申込の期間をいつまでにするか、退職日をいつにするのか。期間を決めないとコミュニケーションの取り方が異なってきます。退職勧奨をすると想定外に早く退職を決断する従業員がいます。業務の引継ぎを考慮し、従業員の有給休暇の消化も加味した上で、いつ辞めてもらうことが適切かを設計していきます。

　Who……誰に対して面談を実施するか、誰が面談を実施するか。単純なことのようですが、退職勧奨をする従業員以外にも残ってほしい従業員もいるはずです。残ってほしい従業員に対してどんな面談をするか、そもそも面談をしないのか、事前に決めておく必要があります。

　What……面談の対象者に何を伝えるか。伝えるべきことは大きく2つです。1つ目は会社のおかれている状況を伝えます。会社のおかれて

いる状況、つまり外部環境や業界の市況、業績など丁寧に伝える必要があります。そして2つ目は対象者に対して、「今後あなたはどうなるか」を説明していきます。もちろん「退職してほしい・辞めてほしい・クビだ」などの言い方は絶対にNGです。退職勧奨ではなく強制・強要と受け取られます。

Why……いわば、退職勧奨をする「大義名分」です。なぜ退職勧奨を実施する必要があるのか、なぜ退職勧奨の対象となったのか、個別の対象者に対しての理由はどうするのか、事前に決めておく必要があります。整理解雇を行う場合は「人員を整理しなければならない経営上の理由・妥当性」が必要です。整理解雇と退職勧奨は使用者側からみると全く異なる手法ですが、従業員側からみた場合は、解雇であろうと退職勧奨であろうと、退職する意思を決定するにあたって「理由」はもっとも重要な要素です。曖昧な表現を避け、明確な理由を検討しておきましょう。

Where……どこの事業所を対象とするのか。また、どこで面談を実施するのかといった問題も重要な検討課題となります。特に面談を実施する場所については悩まれる経営者の方もいらっしゃると思います。結論としては自社内の会議室などの個室で行うことをお勧めします。理由は2点あります。1つ目は退職勧奨の面談は業務の一環として行うものであることです。業務の一環として行うわけですから、面談の対象者は断ることはできません。断るということは業務を放棄することを意味するわけです。そして2つ目の理由として、第三者の介入を防ぐという意味合いです。どんなことが考えられるかというと、例えば会社には個室が無く、致し方なく会社の近くの喫茶店やカフェで面談を行うとしましょう。そして面談時間になっていざ面談場所に行ってみると、第三者である弁護士だったり、ユニオンの幹部等が面談者といっしょに待ち受けているわけです。退職勧奨の面談自体が経験者が少なく、繊細な言葉遣いや態度が要求されるのに、第三者がいてはとても想定どおりの面談

にはなりません。ですから退職勧奨の面談は事業所内で行うことを強く
お勧めします。

　How……5Wが決まったらあとは「どのように面談を進めていくか」
という具体的な方策を決めていきます。退職勧奨の面談を重ねていくに
あたって、1回目の面談、2回目の面談、その後の面談をどのように進
めていくか。対象者が退職する意思を示したときの手続きをどのように
進めていくか。あるいは選択を迷っている対象者に対して、どのように
退職勧奨を進めていくのか、具体的な方策を決めておきます。退職勧奨
を進めるにあたって、使用者あるいは使用者の代理として面談を実施す
る面談者は従業員から思いがけない質問をされることもありますし、と
きには激しい反発にあうこともあります。のちほど第四章で詳しく解説
しますが、面談者が強迫や強要をしてしまわないように専門家からト
レーニングを受けることは必須条件となります。

　以上の5W1Hは少なくとも退職勧奨を実施していく上で最低限の決め
ておくべきことです。

Check Point 4　退職勧奨における従業員の選択の自由について

　退職勧奨における従業員の選択の自由を妨げる要因はいくつかあ
ります。
　・退職しないと仕事を取り上げる
　・退職しない場合は○○県の営業所にいってもらう
　・退職するなら夏の賞与は保障できる
　・あなたが辞めない場合は○○さんに辞めてもらうことになる
　上記のような発言は、「退職しなかった場合に不利益な扱いを受
ける」と従業員が思う可能性が高く、選択の自由を奪うことになり

ます。そして、**実際に発言したかどうかは問題ではありません。**

　1つ事例をご紹介します。

【事件例①】丸一商店事件（平成10年判決）

＜概要＞

　当該企業に勤める事務職員が退職後に会社を訴えた事例。

　この事務職員は、会社から「残業を今後いっさい無くしてほしい。もし残業をするなら、今後支給する賞与から差し引くことになる。それがイヤなら辞めてほしい」といった趣旨の発言を受けて、即日退職した。

　会社の言い分としては、新規採用した従業員がおり、所定の時間内で充分に業務を終えることができると判断したため、当該事務職員へ残業をしないように通達したかっただけというもの。

　一方で従業員側の言い分としては、これまで時間外手当も含めた給与で生活を構成しており、残業がなくなると生活が成り立たなくなるため、やむなく退職を選んだ。しかし、雇用時に求人票に記載されていた退職金の支給が無かった、というもの。

＜争点＞

・事務職員に選択の自由があったか

・退職金の支給について（募集時の労働条件と実際の労働条件の差異）

＜判決要約＞

　残業手当の請求権を将来にわたり放棄するか、退職するか、二者択一を迫ったものであって、これはもはや自発的意思によるものであるとはいえないというべきであり、会社としての対応は、実質的には、解雇の意思表示に該当する。

　退職金については、当該企業における採用時の求人票には退職金制度の記載があり、雇用時にも事務職員に対して、求人票の記載事項と実際

の雇用契約についての相違点を説明していなかった。

　また、業務の引き継ぎをせずに即日退職したことに対する懲罰的な退職金不支給の理由も解雇に相当するという判断からすると不支給の事由にはならない。

＜結論＞

・実質的に解雇の意思表示であるとして、事務職員に解雇予告手当の支払いを会社に命じた

・退職金については、中小企業退職金共済法における最下額の支払いを会社に命じた

6 退職勧奨に必要な準備⑤
（残留者の処遇をどうするか）

　退職勧奨を進めていくと、なかには意地でも辞めないという意思を示す対象者もあらわれます。こういった対象者に対して、どのようにアプローチしていくかを具体的に決めていきます。さらに、退職勧奨を実施しても退職しない対象者に対しては、会社に残ったあと、どのような処遇をするかも決めておく必要があります。もちろん嫌がらせのような不合理な異動や労働条件の格下げなどは、不利益変更として無効となる可能性がありますので、明確な理由付けが必要となります。ここで気を付けていただきたいのは、異動や労働条件の変更をちらつかせながら退職勧奨を行うことは、従業員の「選択の自由」を奪うことになり、明確に違法となるということです。だからといって「退職勧奨の面談を逃げ切れば、あとは何もされることはない」となれば、その噂は社内を駆け巡り、今後の退職勧奨を行う際に大きな足枷となることでしょう。

　そうならないためにも、退職勧奨をしても辞めない従業員に対してはそれなりの処遇を検討しなければなりません。会社（使用者）は人事権

を持っています。この人事権を行使し、従業員の適切な配置を行っていきます。参考までに会社が持つ権利として経営三権をご紹介しておきます。

業務命令権

　会社（使用者）が個人（従業員）に対して業務命令する権利。

　通常の業務における業務の指示、時間外労働の業務命令、出張命令など業務についての指揮命令する権利。

人事権

　会社（使用者）が個人（従業員）に対して人事を決定する権利。

　採用・配属・異動・転勤・評価・解雇等を行う権利。

施設管理権

　会社（経営者）が、会社の建物、施設、物品などを管理する権利。

※原則として組合に対する便宜供与は禁止されています。

　ただし例外として、組合から求められて、会社が許可した場合は組合事務所や組合掲示板の提供などは物的便宜供与として認められています。

　上記の三権については就業規則や労働条件通知書に定めていなくても、当然に会社が保有する権利として存在します。

　ただし、気を付けなくてはいけないのは、いくら人事権があったとしても不当な扱いをすることは認められていません。「報復人事」という言葉があるように、好き嫌いや因縁をもって合理的ではない人事配置をすることは人事権の濫用と捉えられます。

　すなわち、訴訟になり、会社・従業員ともに多大な労力がかかってくるということです。

　訴訟になったときに、どちらが勝利判決を受けるかは問題ではありません。訴訟になること自体がお互いにとってメリットが無いに等しいのです。

　訴訟になった事例が気になる方は、以下の事件を調べてみてください。

・東亜ペイント事件
・古賀タクシー事件
・新和産業事件

　では、退職勧奨の面談において、従業員から「退職しなかった場合に私はどうなるのですか？」と問われた場合にどうすればよいのか。

　会社側の立場としては明確に答えず、「先のことについては会社として検討しています」といった程度に留めておきましょう。

第三章

PIP
（Performance Improvement Program）
という手法について

PIPとは、人事評価制度の1つで外資系企業において人事を担当した
ことがある方には馴染みのある言葉です。一般にPIPの意味合いを検索
すると、「業務改善プログラム・業績改善計画」といった日本語に訳さ
れることが多く、改善という言葉の意味合いからすると、とても退職勧
奨とは遠い存在に思えます。しかし、実際の運用面としてPIPは従業員
の新陳代謝を促す手法の1つとして、特に外資系企業では頻繁に行われ
ています。そして、会社によっては、就業規則の中にPIPを明記してい
るところもあります。

　最近では日本企業でもPIPを導入している会社が見受けられますが、
もともと日本企業は新卒を一括採用し、定年まで雇用する「終身雇用」
が一般的でした。そして年齢や勤続年数に応じて報酬や役職が上がって
いくというシステムでした。しかし今となっては、終身雇用の文化はな
くなったといっても過言ではないでしょう。外資系企業は終身雇用とい
う考え方はなく、ジョブ型雇用で即戦力を採用する文化があります。従
業員一人ひとりの能力や実績を鑑みて業務や役割を与え、業務内容に
よって報酬も決まっています。きちんと成果を上げられなければ評価は
下がり、たちまち報酬や役割にも影響を与えます。そればかりか評価が
低いまま会社に在籍し続けることも難しいです。PIPでは会社側が評価
の低い従業員に業務の改善を求めていき、改善されなければ、徐々に社
外に転進することを促していくのです。

　先にお伝えしておきますが、PIPはそれほど簡単なものではありませ
ん。定量的な評価基準を設けて、従業員と評価について共有しておく必
要があるので、運用していくにあたっては会社側の負担もそれなりに大
きくなります。退職勧奨よりもマイルドなイメージを持たれる方が多く、
興味を持たれる方も多いのですが、安易にできるものではありません。
日常から厳密な評価基準にもとづいたマネジメントが必要となります。
前置きが長くなりましたが、この前提条件を加味して読み進めていただ
ければ幸いです。

1 PIPの全体構成

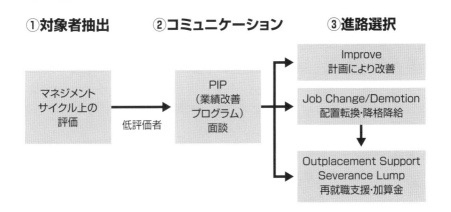

Performance Improvement Program（PIP）

①対象者抽出　　②コミュニケーション　　③進路選択

マネジメント
サイクル上の
評価　　　低評価者　　　PIP
（業績改善
プログラム）
面談

Improve
計画により改善

Job Change/Demotion
配置転換・降格降給

Outplacement Support
Severance Lump
再就職支援・加算金

　PIPを実行していくにあたっては①対象者の抽出⇒②コミュニケーションの設計・検討、複数回の面談実施⇒③進路の選択という３段階の構成となっています。

　これから各段階における実務でどのようなことをしていくのかをお伝えしていきます。

2 対象者の抽出
（選定と評価の基準）

　PIPというのは全従業員に行う性質のものではありません。対象者を一定の基準で定めて、その対象者に対してプログラムを実施していきま

す。当然のことですが、上司の好き嫌いや経営者の恣意的な意図ではなく、業務上の一定の基準で抽出する必要があります。

　では一定の基準とはどのように定めていくのか、職種によっていくつか具体例を示していきます。

＜営業や店舗系の職種＞

　このような職種は数字で成果を測ることができるため、比較的対象者の抽出がしやすい職種といえます。例えば「１年間の営業成績の下位３％」を対象とするというやり方もありますし、「６か月間の粗利額が○百万円に達しないことが２期以上続いた場合」など、わかりやすい線引きが可能です。対象者にとっても不公平感が無く、成果として出てくる数字は誰がみても同じ数字になるわけですからPIP自体に対しても納得感は得られやすいです。

＜製造オペレーターや生産管理、品質管理など＞

　メーカーで働く従業員はどうしたらいいのか？　という質問をよく受けますので書かせていただきます。メーカーで働く方の場合も定量的な評価基準を定めておけばよいです。例えば製造オペレーターであれば、稼働１時間あたりの製品製造個数の目標を四半期ごとに定めておく、または不良品率を○％以下に抑えるなど数値管理ができる内容を定める、あるいは時間外労働を○時間以内に抑えること、これらを複合的に組み合わせることなどの定量的な目標を持たせることで、PIPの対象となる従業員を抽出していくことが可能です。

＜総務・人事などのバックオフィス系の職種＞

　バックオフィス系の職種ではなかなか定量的な評価をすることが難しいことがほとんどですが、これまでと同様に定量的な目標を設定しておくことが効果的です。例えば全従業員の時間外労働の総時間数を20％削減する、年間の採用目標人数と予算を決めておき、四半期ごとに進捗を確認していくことなどが挙げられます。

　その他の職種においても同様に定量的に評価できる基準を設けていき

ます。そうすることによって、本人の納得性（自身がPIPの対象者であること）を高めることになります。

　また、この評価基準は、普段のマネジメントサイクル上の評価で一定の客観的基準により抽出されることで、より対象者の納得性を高めることになります。

3 コミュニケーション設計
（面談の準備）

　PIPでは具体的にどのようなプロセスで面談を進めていくのかを決めておきます。

　事前に必ず決めておくべきことがいくつかありますので、これから解説していきます。

◎PIPの実施期間

　プログラムがいつからいつまで実施されるのか、開始時期と終了時期を決めておきます。

　開始時期については多くの場合、評価の期間に合わせて開始されます。例えば会社の事業年度の切り替わる時期や、半期や四半期の新たな期がスタートするのに合わせてプログラムも開始されるのが一般的です。

　終了時期はプログラムの開始から短い場合で３か月、多くは６か月ないし12か月とするケースが多いように見受けられます。この期間を先に決めておき、次の面談頻度を決定していきます。

◎業務改善面談の頻度

　実施期間によって面談の頻度は異なってきます。例えば実施期間が３か月の場合は、３か月で会社としてもなんらかの成果を出さなければい

けませんので、面談の頻度は高くなります。3か月とした場合には1、2週間に1回のペースで面談を行うケースが多いように見受けられます。6か月ないし12か月を実施期間とした場合は、2週間または4週間に1回のペースで面談を行うケースがほとんどです。

◎面談の中で対象者から退職の相談を持ちかけられた場合の対応

　プログラムを進めていくなかで多く見受けられるのが、面談中に退職の相談をされるというケースです。会社として対応をきちんと決めておくことも1つの答えですし、退職相談の対応に限っては権限を面談者に与えておくのもよいでしょう。

　必ずとってほしい姿勢として退職の相談をされた場合には、親身になって相談に乗ってあげる姿勢をみせるということです。そして、PIPで改善がみられていない場合には、結果的に対象者にとって退職するのに背中を押してもらうことが望ましいことかもしれません。そのような場合には、対象者にやんわりと今の仕事ではなく、他の仕事で適性を見出してみたらどうかと勧めてみてもいいでしょう。

◎実施期間中に留意すべき点

　まず、面談者となる上司が留意すべき点ですが、PIPの実施期間中については「非公式な飲み会」を限りなく控えていただくことです。PIPの面談では改善を促される対象者は、面談が行われるごとに業務の進捗状況や、現在の成果について説明を求められることとなり、精神的に疲弊することがほとんどです。そんな中、面談者である上司が、同じ部署のだれかと楽しそうに私的な飲み会を開いていたら対象者はどのように感じるでしょう？　きっと、「私はこんなに辛い思いをしているのに、上司はなぜあんなに楽しそうに飲み会に行けるのか！」と怒りと不満の感情を抱くことでしょう。この怒りと不満の感情の向かう方向が仕事であればよいのですが、「面談自体がハラスメントだ！」という方向に向

かってしまうと、会社としてPIPはハラスメントではないという証明をしなければならないという不要な手間が発生することになります。

　ちなみに会社として行うイベント、例えば歓迎会や送別会、期の変わり目の懇親会など、社員の多くが参加する行事は参加していただいて問題ありません。ただし、アルコールが入ることによって言動が乱れる方も中にはいらっしゃるでしょうから、面談者には十分に留意し、軽々な発言をすることがないように会社として伝えておきましょう。

　また、同様の理由で、フェイスブックやツイッターなどの発信型のSNSは極力控えていただいたほうがよいということも付け加えておきます。

　次に、会社として留意すべき点ですが、面談者とPIP対象者のメンタルヘルスを把握しておくということです。対象者は精神的に疲弊するというのは前述のとおりですが、面談を行う上司にとっても、面談は大きな精神的な負担となります。想像していただけるとわかりやすいかと思いますが、上司にとっても対象者となる部下は嫌いな存在というわけではなく、むしろ、今まで良好な関係性を築いてきた部下であることが多いでしょう。その親密な関係の部下に対して、会社からは業務改善のために今までにない厳しい姿勢で臨むことが求められることになります。また、今の時代は部下のほうが年上ということも珍しくありません。年上の気を遣う相手に対しても厳しい姿勢で業務改善を促すような状況を想像していただくと、面談者も精神的に疲弊することがご理解いただけると思います。

　会社としては面談者と面談対象者両者のメンタルヘルスを把握し、いつもと比べて様子がおかしい場合には、産業医と面談するなどのメンタルケア措置を講じることを検討してください。

4 対象者の処遇と配置

　PIPの実施期間を終えた後の対応について検討しておく必要があります。

　具体的には業務・業績が改善した場合と、改善しなかった場合の2パターンを検討しておきます。

◎業務・業績が改善した場合

　PIPによって改善がみられるケースは全体の10%にも満たないというデータもありますが、改善がみられた場合については、実施期間後はPIPを終了し、引き続き同じ業務に就いてもらう対応でよいでしょう。対象者にはPIPでよく改善してくれた、と労をねぎらい、これまで以上に活躍してほしいと温かい声をかけてあげることを意識してください。

◎業務・業績が改善しなかった場合

　PIPの対象者の多くは、残念ながら改善されることはありません。そして改善されなかった場合に、PIPを終了して面談期間を終了してしまうと「ああ、別に業績が改善されなくても大した対応はされないのか」と対象者は感じます。これではPIPを実施した意味がありません。

　そこで、本人の危機意識を醸成するため、自己改革がみられなかった場合は、現在の業務内容や現在と同じ役割にとどまらないような配置変えや処遇の変更をすることが望ましいです。例えば「営業では残念ながら○○さんの力を発揮できていなかったので、製造部門で適性を見極める」という理由で異動を命じることは合理性があり、なんら問題ありません。そのほかにも「総務部門で欠員が出る予定だから、来期からは総務部門に移って力を発揮してほしい」という理由で異動を命じることは、

欠員補充という明確な理由があり、なんら問題ありません。

　ただし処遇の変更の程度が従業員の生活を大きく変えてしまうような変更については「労働条件の不利益変更」として、一時的に従業員の合意を得たとしても、のちに訴訟になった場合に会社側が敗訴する可能性が高くなります。例えば、「PIPで目標が達成できなかったから、給与を３割カットする」などは従業員の生活を大きく変える報酬の変更といえますし、不利益変更にあたる処遇の変更をちらつかせながらPIPを実施することは職場内での優位性や立場を利用したハラスメントであると判断される可能性が高いので絶対にやってはいけません。

Check Point 5

PIP 実施後の進路について

　中小企業においては部署の配置転換をするほどの規模が無いという理由で、現実的に難しい会社が多いことはよく承知しています。ではPIPで改善されなかった場合はどうしたらよいのか。望ましいやり方としては、PIPを繰り返し実施することです。２度、３度と実施しても改善が認められない場合は、第五章で説明する退職勧奨に踏み切っていくことになります。PIPも退職勧奨も正しいやり方をすれば違法性はまったくありません。活躍できない従業員をずっと雇用し続けることは、使用者にとっても従業員にとっても良いこととはいえません。業務状況が改善されない場合は、いつかはお互いが決断すべきなのです。

5 面談の詳細設計

PIPの面談は大きく分けて以下の４つで構成されます。
(1) 前期評価のフィードバック面談
(2) 目標設定面談
(3) プロセス確認面談
(4) 進路決定面談

それぞれの面談でどのようなコミュニケーションをとるか、具体的にみていきましょう。

（1）前期評価のフィードバック面談

大きな目的としては「自身をとりまく環境が厳しい状況であること」を認識させることです。

PIPの対象者になる従業員は一定の基準で抽出されます。つまり、直近の業績や業務評価が低いということが原則となります。

仮にAさんという従業員がPIPの対象者になったとするならば、Aさんに対して「なぜ、PIPの対象になったのか」を説明していきます。具体的なセリフ調でいえば「Aさんは前期の営業成績において、営業部の中で下位３％に含まれる成績でした」といった形です。

その上で、「このままの業績が続くことを会社としても看過できないので、Aさんに対して業務（業績）状況を改善してもらうために、PIPを実施することになりました」といったように**プログラムの対象になった旨を告知**します。

そして、今後のPIPの進め方についても説明をします。例えば、「これから２週間に１回、上司であるB課長と面談をしてもらいます。その

場では四半期の目標に対しての進捗状況や課題の洗い出しを行い、Ｂ課長の助言を得ながら業務の改善に向けて話し合いを進めていきましょう」といった具合です。この面談の頻度やPIPの実施期間については事前に会社として取り決めをしておきましょう。

　仮にPIPの対象者になったことに納得いかないという反発があった場合でも、一定の基準をもって対象者を抽出しているわけですから会社としての決定事項であることを粛々と伝えましょう。

（2）目標設定面談（アクションプランの設定）

　評価フィードバック面談にてPIPの対象者であることは告知済みですから、次にすることは具体的な成果目標を設定することです。高すぎる成果目標だと従業員のモチベーションを下げてしまうことになりますし、低すぎる成果目標だと業務状況の改善に至りません。ではどのように成果目標を設定すればよいのでしょうか。

　もっともポピュラーなやり方は、来期の会社（部署）としての目標を役割ごとに割り振る方法です。その他には、「同職種の従業員全体の平均から導き出す」方法が一般的です。同じ業務に携わる従業員全体の成果（売上や粗利など）の平均数値を計算し、地域係数や入社年次を加味して目標数値を導き出します。

　その他、「過去の実績から導き出す」方法もあります。対象者が所属している部署の過去3期程度の成果（売上や粗利など）を調べ、同じ部署内で年次や顧客数などの加重平均を掛けて導き出します。

　しかし、この目標設定面談でもっとも重要なことは、**PIPの対象者と対話をしながら目標を決めていくこと**なのです。会社が一方的に決めた目標を対象者にやらせるのではなく、対話をしながら目標を決めていくことで、対象者自身が目標に対してコミットメントしたということになります。こうすることで、対象者に「会社が決めた無茶な目標だ」という言い訳をさせないようにする効果もありますし、なにより対象者の納

得感が高まります。

　そして、成果目標を決めたあとはプロセス目標を設定していきます。マラソンで例えるなら、成果目標はゴールです。プロセス目標はゴールするために、どんな道のりで、どのような走り方で、どんなシューズで、どれだけの練習量でゴールをめざすのかを決める作業です。

　営業職で例えるとわかりやすいかと思います。以下は３か月の目標を定めた具体的な事例です。

営業職のPIP目標設定の事例（期間は3か月）

① 売上目標　1000万円（既存顧客の見込み売上700万円）
② 粗利額目標　400万円
③ 必要な新規顧客　6件（1件あたりの単価50万円）
④ 新規顧客獲得のアポイント取得件数目標　60件（成約率1割の見込み）
⑤ アポイント取得のための電話発信件数　1200件（アポ取得率2割の見込み）

　上記の事例において、①と②は成果目標です。③④⑤はプロセス目標となっています。目標設定面談では、まず成果目標を定めてからプロセス目標を決定していきます。特にプロセス目標である④⑤については、1か月間の目標件数から1週間の目標件数、1日の目標件数へとブレイクダウンしていきます。この目標設定にもとづいて、次に解説するプロセス確認面談を進めていきます。

Check Point 6　**人事制度と就業規則の連動について**

　目標設定はPIP対象者に限ったことではなく、すべての従業員に行うことを強くお勧めします。中小企業では成果目標は設定していたとしても、プロセス目標までは設定していないことが多く、成果に対して「なぜ」達成できたのか、あるいは達成できなかったのかを後から確認することができません。達成できている従業員の行動特性を測るためにも、目標設定シートやMBOシートを使ってマネジメントを進めていきましょう。

　人事制度と評価制度が連動しており、就業規則も現実の運用に即した対応をすることがPIPの運用の根幹を支えています。いまだに終身雇用が当たり前だった時代の人事制度や就業規則を目にすることも多く、今の時代の運用に即さない部分も多く見受けられます。

　人事制度と評価制度、就業規則は社会保険労務士と相談しながら会社の現状に即した内容にしていくようにしましょう。

（3）プロセス確認面談

　前項で説明した目標設定面談にて、PIP対象者の目標設定が完了しました。ここまではPIPを実施するかどうかに関わらず、通常のマネジメントで行っている会社はあります。

　PIPを実施する場合は、ここからが通常のマネジメントと異なる手法をとっていきます。

　異なるポイントは2点、確認面談の「頻度」と「強度」が通常のマネジメントと大きく異なります。

◎プロセス確認面談の「頻度」について

　通常のマネジメントであれば、月に１度の定例ミーティング等の同じ部署メンバーが集まっているところで、メンバーそれぞれが進捗状況を報告することがほとんどでしょう。

　　※１週間ごとにミーティングをしている会社も多いと思いますが、個々の業績について詳細に報告を求める会社は少ないです。

　しかし、PIPの対象者に限っては、２週間に１回やPIP実施期間が短い場合は１週間に１回のプロセス確認を行っていきます。また、そのプロセス確認は上司と１対１、組織の構成上、上司が２名いるような場合には２対１のような体制で進めていきます。

　高い頻度で面談を行う理由は、業務状況の改善を求めるには、日々の行動と意識を変えていく必要があるためです。そして、高い頻度で行うことで細かな変化にも気付けるようにプロセス確認を実施していくのです。

◎プロセス確認面談の「強度」について

　強度という話をすると、強い語気で叱責をするようなイメージを持たれる方も多いようですが、けっしてそのような意味合いではありません。どちらかというと理路整然と静かに目標への到達度合いについて確認していくようなイメージです。それでは強度が弱いのでは？　とお感じになる方もいらっしゃるかもしれませんが、そうではありません。そして、上司のやり方を対象者に押し付けるやり方も絶対にやめてください。なぜなら、**上司のやり方に沿って業務を進めたのに、業務状況が改善しなかったという言い訳を作らせてしまうことになるから**です。プロセス確認面談では目標への到達度が低い場合に「なぜ」を徹底して追及していきます。

　この「なぜ」を理路整然と追及されることは、対象者にとっては非常に大きなストレスとなります。目標への到達度が低い上に、「なぜ目標

に対して進捗度合いが低いのか」「なぜ先週は電話をかける件数が少なかったのか」「事務仕事に時間がかかってしまったのはなぜか」「では時間管理をするためにどうしたらよいのか」といったように、なぜそうなったかという原因を突き詰め、どうしたら改善されるのかを尋ねていき、対象者本人からどうしたらよいか改善案を引き出していくのです。

　そのような進め方で、対象者から引き出された言葉が目標達成のために理にかなった内容であれば、対象者自身が発した言葉ですから、次の面談までに自分で発した改善案を実施するように約束をして面談を終えます。次回の面談において改善案を実行できているかどうかを確認し、できていなければ改めて「なぜ」を繰り返していきます。

　この面談を繰り返していくことで、残念ながら約半数（著者の携わった案件で）の方は、自身から退職の道を選んでいかれます。退職の道を選ばれる方は、面談の中で弱気な発言が出てきます。弱気な発言が出てきたら本人のキャリアについての相談に乗り、場合によっては早期退職制度を利用できるように取り計らうことで、対象者の前向きな決断を引き出すことが多いことも付け加えておきます。

Check Point 7　早期退職制度と希望退職制度の違い

　「早期退職制度」と「希望退職制度」の違いについて、解説しておきます。

◎「早期退職制度」について
・原則として「常設の制度」である。
・就業規則に明記しておく必要があるものではない。
・制度を利用できる対象者は多くの場合、勤続年数や年齢、役職

等によって・人員削減を目的としておらず、従業員のセカンド
　　キャリアを支援する目的で制度化している会社がほとんど。
・従業員のセカンドキャリアを支援する目的だからこそ、退職金
　に加えて、退職加算金を支給して退職する方を優遇する措置を
　とることが多い。
・または、社外転進（転職）をするための期間として、現職の会
　社に所属したまま転職活動を認めるケースもある。
・原則として、本人の意思による自己都合退職。
・ただし、制度を保有しているほとんどの会社は、制度を利用で
　きるかどうかは「会社の判断による」としている。

◎「希望退職制度」について
・原則として「期間限定の制度」である。
・人員削減（固定費・人件費の削減）を目的として実施される。
・会社側が積極的に従業員に応募を勧めていく。つまり退職勧奨
　を実施していく。
※ただし、強制ではない。あくまでも本人の意思優先。
・退職金に加えて、退職加算金を支給することがほとんど。再就
　職支援を付けることも。
・社外転進（転職）をするための期間として、現職の会社に所属
　したまま転職活動を認めるケースもある。
・原則として退職勧奨をともなうため、会社都合退職。
※ただし、制度利用を希望する方すべてが認められる制度ではな
　い。引き留めたにも関わらず強引に退職した場合は自己都合退
　職になる。

（4）進路決定面談

PIP実施期間を終え、対象者本人に考課結果を通知する段階に行う面談です。

業務状況の改善が認められた場合は、その旨を対象者に伝えて「これからもがんばってほしい」とエールを送り、通常のマネジメントへと戻ります。

一方で、改善が認められなかった場合は、会社としてなんらかの判断をした上で進路を通知していきます。もし業務内容の変更や、それに伴った処遇変更がある場合は、その説明を含めて実施します。

また、業務内容の変更や処遇変更をせずに、継続してPIPを実施していく場合についてもこの面談で通知をし、改めて業務状況の改善を会社として促していくことを伝えます。

そして、まったく改善がみられない場合等、自社で活躍していくことが困難だと会社が判断せざるを得ず、社外での活躍を勧めた方が良いと判断される方には、退職勧奨の面談へと移行していくことも検討することになります。

 # 6 実際に行われたケース

社名や業種も明かすことができませんが、実際に行われたPIPの面談のやり取りをここでご紹介します。

※特定されることを避けるため、部分的に異なる表現としています。

PIPで改善が認められた面談の実例

【面談者】○○さん、ご苦労様です。どうぞお座りください。

さて、今年3月までの1年間は残念ながら○○さんのパフォーマンスは会社の期待に達しておりませんでした。

　そこで、この4月から6か月間、○○さんのために業務改善プログラム（PIP）を実施し、パフォーマンスの改善を一緒に取り組んでまいりました。

　幸い、この6か月間で、○○さんの努力により、業務状況は著しい改善がみられ、会社の期待に十分に応えていただけるようになりました。本当にご苦労様でした。

　なお10月からは、今まで以上に努力いただき、会社に大いに貢献いただきたいと期待しておりますが、○○さんはどうお考えですか？

【対象者】この6か月間、非常に辛かったですが、何とか期待に応えることができてホッとしています。今後とも、ご指導よろしくお願いします。

【面談者】○○さんもご承知のように、当社は投資を加速して事業を発展させていく予定です。今後も一緒にがんばっていきましょう。

【対象者】わかりました。

Check Point 8

PIPで改善ができた際の終わり方

　対象者のセリフで太字の部分があります。この方はあっさりとした感想でしたが、ここで恨み節のようにPIPに対して不満をいう方もおられます。不満が出てきた場合は傾聴してあげましょう。なかなか従業員が上司である面談者に不満を伝える機会がない職場もあ

りWaluE-ます。ガス抜きをして、今後より活躍いただけるように喋らせることが肝要となります。そして最後は「一緒にがんばりましょう」と労いの言葉とともに面談を終えていきます。

PIPで改善がみられなかった面談の実例（全2回の面談の1回目）

【面談者】○○さん、ご苦労様です。どうぞお座りください。

　さて、この３月までの１年間は残念ながら○○さんのパフォーマンスは会社の期待に達しておりませんでした。

　そこで、この４月から６か月間、○○さんのために業務改善プログラム（PIP）を実施し、パフォーマンスの改善を一緒に取り組んでまいりましたが、残念ながら○○さんにおかれましては期待どおりの改善がみられませんでした。

　そこで、○○さんの今後の仕事を社内で探した結果、不本意かもしれませんが、□□の仕事についていただこうと考えております。

【対象者】現時点では、まだ目標に達していないことはわかっていますが、引き続きがんばっていこうと考えています。

【面談者】お気持ちはわかりました。ただ、○○さんの現状のパフォーマンスを踏まえ、今回のプログラムを始めさせていただいたのは、以前お伝えしたとおりです。その結果、６か月の期間、改善されることを期待しておりましたが、残念ながら目標に達していない状況にあります。現在のこの状況を踏まえた結果、残念ながら今後、現在の業務を引き続き継続していただくことは難しいと会社として判断しています。

　つきましては、今後は□□の業務を担当していただきたいと考えて

います。それに伴い職務グレードとしては△△となり、それに伴う報酬テーブルは▲▲となります。

　引き続き、ご自身の研鑽や能力向上へと尽力いただくことを期待しております。このことについては、どのようにお考えでしょうか。

【対象者】給与が下がるのは困ります。プログラムの結果には納得できません。引き続き、今の業務にてがんばっていきますので、よろしくお願いします。

【面談者】プログラムの内容については、○○さんにも趣旨をご説明し、逐一進捗状況についても確認を進めてきております。その上で、結果が期待される水準へ達していないということですので、この結果を踏まえると、このまま現在の業務にてお仕事を継続いただくことは難しい状況です。改めて、□□の業務にてご活躍していただき、業績向上へと取り組んでいただくことをお願いいたします。

【対象者】でもそんな配置転換を急にいわれても……。

【面談者】お気持ちは理解できますが、急ではありません。この3か月間、フィードバック面談等で繰り返し、○○さんには改善をお願いしてきたはずです。会社としては、○○さんのパフォーマンスが改善されることを願っていたのです。

【対象者】でも賃金が下がるということですね？　それってあんまりじゃないですか？

【面談者】決してそのようには考えておりません。会社としては手順を踏んで、期間を設けて○○さんのパフォーマンスが改善されることを

願ってきました。しかし、残念ながらその期待に応えていただけな
かった。

　そこで、できる限り社内で○○さんの仕事を見つけようと努力した
結果が□□の業務です。

　もし、この仕事が不服でしたら社内に仕事がこれ以上見つからない
ので、社外も視野に入れていただかざるを得なくなります。

【対象者】それって、会社を辞めろということですか？

【面談者】決して辞めろとはいっておりません。○○さんのことを考え
　て、今のパフォーマンスが会社の期待に達していないので、社内で別
　の仕事を用意しました。結果として、その仕事の賃金は今までより下
　がってしまいます。それが嫌だといわれるのでしたら、この機会に社
　外を視野に入れていただかざるを得ないと申し上げています。

【対象者】………。

【面談者】お気持ちは理解できますが、今日はこのくらいにして後日、
　また面談しましょう。本日はご苦労様でした。

PIPで改善がみられなかった面談の実例（全2回の面談の2回目）

（1）配置転換に納得した方の実例

【面談者】○○さん、ご苦労様です。どうぞお座りください。

　さて、前回、面談をさせていただきましたが、その後どのようにお
考えになられたか、今のお考えをお聞かせください。

【対象者】はい。提示いただいた□□の仕事で、がんばっていこうと思

います。

【面談者】ありがとうございます。念のため改めて確認ですが、□□の
　仕事に就いていただくと、賃金が▲▲になることは、ご理解いただい
　ておられますね？

【対象者】はい。理解しています。

【面談者】わかりました。それでは、○○さん、今後は□□の仕事で会
　社に貢献してください。本日はご苦労様でした。

（2）配置転換に納得いかない方の実例

【面談者】○○さん、ご苦労様です。どうぞお座りください。
　　さて、前回、面談をさせていただきましたが、その後どのようにお
　考えになられたか、今のお考えをお聞かせください。

【対象者】色々と考えて、家族とも相談したのですが、やはり業務が変
　わって、賃金も下がるというのは納得がいきません。

【面談者】お気持ちは理解します。しかし、会社としてはこの6か月間
　で○○さんに業務状況を改善いただけるようにプログラムを進めてき
　ました。結果として、残念ながら改善がみられなかったことは○○さ
　んもご承知のことと考えていますが、いかがでしょうか。

【対象者】でも、今まで会社に貢献して来たのに、ひどいじゃありませ
　んか！

【面談者】ですから、社内で何とか○○さんの仕事を見つける努力をし

た結果が、前回お話した□□の内容の仕事です。

【対象者】それって、会社が提示した仕事が嫌なら、辞めろということ
　ですか？

【面談者】いいえ、決して辞めろとはいっておりません。

【対象者】それじゃ、私はどうすればいいんですか？

【面談者】繰り返しになりますが、○○さんにやっていただく仕事は前
　回、ご提示した□□の仕事しかありません。それが嫌といわれるので
　したら、社外に目を向けていただくことも検討いただくことが必要で
　はないでしょうか。
　　そして、○○さんのように納得できない方のために、会社としては
　今回特別に早期退職制度を本来の対象者とならない方にも適用できる
　ようにしました。具体的には今までの貢献に報いる退職加算金と、退
　職日を11月末として、退職の意思決定をされた方については11月末ま
　で出勤をせずに転職するための活動期間として充てていただけるとい
　う制度です。制度へ応募することを推奨するわけではありませんが、
　ご提示した仕事に納得いかないということでしたら、社外にも目を向
　けられてはいかがでしょうか？
　※早期退職制度の概要が書かれた書面を手渡す。

【対象者】早期退職制度ですか。でも、本当に次の仕事は見つかるので
　しょうか？

【面談者】ご不安でしたら、当社で提携している転職支援会社のキャリ
　アカウンセラーに一度、お会いになられてみますか。私も転職につい

ては素人ですし、専門家の意見を聞いたほうが○○さんにとってメリットがあるでしょうから。今の時期の社外の求人状況等をご自身で確認されて判断されてみてもよいでしょう。

【対象者】そうですか、わかりました。一度会って話を聞いてみたいです。どうすればいいですか？

【面談者】転職支援会社との日程等は私が調整して、後日、改めてご連絡します。その支援会社との面談を終えてから、また私と面談しましょう。本日はご苦労様でした。

Check Point 9　処遇の変更について注意点

　PIPで改善が認められなかった場合に処遇が変更される事例を見ていただきました。

　労働条件の不利益変更については本章の４で「処遇の変更の程度が従業員の生活を大きく変えてしまうような変更」はNGだとお伝えしています。明確にいくら賃金が下がったら不利益変更になるという明確な線引きはされていません。ただし、当協会が支援する企業においては、**月額給与の10%を超えて減額することがないような運用を推奨**しています。

　しかしながら、同一労働同一賃金の観点からみて、処遇変更とその変更した業務内容に対しての報酬の客観的合理性が認められ、従業員と合意ができている場合においてはこの限りではありません。

第四章

退職勧奨の実務

さて、いよいよ退職勧奨に欠かすことのできない面談の実務について解説していきます。

第二章では退職勧奨に必要なスキームについて解説をしました。しかし、いくらスキームが完璧な内容に仕上がっていたとしても、面談を間違ったやり方で行ってしまうと全てが台無しです。場合によっては強迫や強要として訴訟に発展することになります。また、社外の労働組合が介入してくることにもなりかねません。

退職勧奨の面談はほとんどの方が経験したことがありません。面談者は正しいやり方で、やってはいけないことを理解するために、本章で書かれていることはすべて頭に入れて臨んでください。

1 退職勧奨で絶対に やってはいけないこと

（1）「解雇・クビ・辞めろ」などの直接的な言葉

ここまで読み進めていただいた方は理解されていると思いますが、改めてお伝えします。

退職勧奨は解雇（クビ）ではありません。解雇は会社が一方的に従業員を辞めさせるという、従業員に選択の余地がないものです。退職勧奨とは、会社（使用者）と従業員がお互いに歩み寄って退職するかどうかを話し合って決めるものです。会社は従業員が退職する場合は通常の退職よりも経済的に優遇された措置を準備して退職を勧め、従業員は会社の勧めに応じて退職するか、勧めに反してそのまま在籍するかを自由に選択することができます。

解雇と退職勧奨のちがいをきちんと理解していれば、「解雇・クビ・辞めろ」のような言葉は出てきませんが、多くの方は理解していません。

大事なことなので何度もお伝えしていますが、退職勧奨は正しくやれば合法です。正しく理解いただくため繰り返してお伝えします。

（2）退職を強要するような言葉や表現

　面談者が絶対にいってはいけない言葉や表現をお伝えしていきます。

　いずれも従業員の選択の自由を奪う表現となりますのでご注意ください。

　どんな場面でNG発言が出てきやすいかも併せてお伝えしますので、想像しながら読み進めていただければ幸いです。

「退職しなければ仕事を取り上げる」

　このような表現は、面談者が感情的になったときに出てきやすい言葉です。以下のような会話の流れからいってしまうことが過去にありました。

【面談者】今後、あなたにお任せする仕事がなくなる可能性が高いです。

【対象者】そんなことはありません。私は会社にとって重要な仕事を任せてもらっています。

【面談者】今あなたに担当してもらっている業務は他の社員が対応することになります。

【対象者】他の社員で対応できるわけがないじゃないですか。あの業務は私がずっとやってきた業務ですから。渡しませんよ。

【面談者】あなたが退職しなければ、その仕事をあなたから取り上げるといってるんだ。

「退職しなければ評価が悪くなる」
　この表現は、退職勧奨を受けて残留した場合に不利益な取り扱いをすると受け取れる表現となります。2回目以降の面談でこのような発言をしてしまう場合が多いです。会話の流れをみていきましょう。

【面談者】今日は2回目の面談です。前回の面談を受けてどう考えておられますか？

【対象者】よく考えましたが、今はまだ考えがまとまっていない状況です。

【面談者】そうですか。では会社に残ったとしてどのような形で活躍されますか？

【対象者】そういわれましても。がんばって仕事はしていきたいと思います。

【面談者】残ったとしても、あなたの評価は悪くなる一方ですよ。辞めた方がいいのではありませんか？

「まわりもあなたに退職してもらいたいと思っている」
　この表現は面談者が退職勧奨を受けている従業員のことを良く思っていないときに使われてしまう表現です。好き嫌いの延長線上に発露してしまう発言であり、人格を傷つけてしまう可能性が高く、慰謝料請求にも発展しかねません。
　会話の流れとしては以下のとおりです。

【面談者】迷っているということは理解しました。しかし残ってどうされますか？

【対象者】今まで以上にがんばって結果を出していきます。

【面談者】では今まではがんばっていなかったのですか？　それでは困ります。

【対象者】そういうわけではありません。これまで以上に周囲と協力してがんばります。

【面談者】そういいますが、周りもあなたに残ってほしいと思っていないようですよ。

　3つの表現をご紹介しましたが、これ以外にも従業員の選択の自由を奪う発言と捉えられる表現は避けるよう、十分に注意が必要です。

（3）謝るような態度や発言

　日常的に発言をするときの枕詞として、「申し訳ないけれど…」「すまないが…」のような表現をしてしまう方は要注意です。退職勧奨は合法であり、そこに至るまでの経緯には会社も検討を重ねてきた上で決断をしています。

　面談者が後ろめたいことをやるわけではないので、堂々と臨むように指導・トレーニングする必要があります。

　ちなみに、「申し訳ないけれど…」「すまないが…」のような発言をしてしまうと、従業員からは「申し訳ないと思っているのなら、このような面談をやめてください！」という反発や、「すまないと思っているなら、先に面談者であるあなたが会社を辞めたらいいじゃないですか！」という反撃に出られる可能性があります。こうなっては面談を進めることができなくなってしまいます。

　そして、このような反発で面談が逃れられると思われることは、他の

退職勧奨を受けている従業員にも伝わってしまいます。会社の施策として行うものであり、面談者には使用者の代理として、自社の将来にとって必要なことであるという認識に立って断固たる決意で進めていく覚悟を持たせましょう。

① 感情的な発言・尊厳を傷つけるような発言・法律に触れるような発言

そんなというわけないじゃないか、と思っておられる方も多いことでしょう。しかしながら、感情がヒートアップした場合においては、堪えきれずに暴言や罵詈雑言を浴びせてしまうケースも見てきました。具体的な発言事例は以下のとおりです。

「そんなに迷うのは、あなた自身に決断力が足りないからだ。だから仕事でもいわれたことしかやらないのでしょう。そんなロボットはうちの会社にはいらない」
「お前は頭が悪いんだから、考えても結論が出ないだろう」
「○○出身のくせに生意気なことをいうな」
「ちゃんと私のいうことが理解できているか？　日本語も話せないのか」
「いつも挙動不審な態度で気持ちが悪い。精神科にでも行ったらどうだ」

上記のような発言が起こるのは、面談者が普段からハラスメントまがいの発言をされている場合に多くみられます。そして本来そのようなリスクが高い方に面談をさせるべきではありません。面談者だけでなく、会社としても大きなリスクを抱えることとなります。

当然のことですが、社員の採用の際にも【国籍／宗教／性別／信条／社会的身分】などの問題には触れないことというのは、もはや一般常識です。同様に退職勧奨の面談でもセンシティブな話題に触れないよう、

細心の注意を払う必要があります。

②　社内で噂になるような事柄

　各社ごとに異なるイレギュラーケースを過去にあった実例でご紹介します。

「○○さんに泣きつけば、なんとかなる」

　これは面談者が退職勧奨の対象となる従業員にいってしまったセリフです。会社には役職者ではない方でも役職者以上の影響力を持つ方がいることがあります。その影響力のある方に泣きついたらなんとかなるという意味合いの面談者の発言です。

　面談者自身、退職勧奨に前向きではなく、面談をしたくない気持ちが大きかったのでしょう。

　実際にこのセリフを聞いた面談対象者は、ある人物に泣きついたのですが、なんとかなるはずもありませんでした。結果としてこの発言が社内を駆け巡り、退職勧奨は困難を極めることとなりました。

「○○さんが辞めたら、あなたは辞める必要がない」

　部門内に退職者の人数をコミットメントしている場合にこのような取引を持ちかけるセリフが出ることがあります。会社の方針として当該部門で退職勧奨面談を実施しているにもかかわらず、面談者が会社の方針を無視しているに等しい言動です。

　実際にこの発言を受けて、面談対象者はこの○○さんに辞めるかどうかの意思を確認したそうです。○○さんからすれば、退職勧奨をされている事実を周囲に話したことがないのにもかかわらず、この対象者から意思確認があったことから「会社が退職勧奨をしている事実を漏らしている」として、弁護士に相談し、あと一歩で訴訟にいたるところまでいきました。

③ 責任逃れの発言

「俺もこんな面談やりたくないんだけど」

　面談者が自分事と捉えていない、責任を投げ出している発言です。

　ご想像に難くないと思いますが、対象となる従業員からは「じゃあ、あなたは誰にいわれてこの面談をしているのですか？」と聞かれてしまいます。

　その次に「自分（面談者）は納得していないが、会社が決めたからしょうがない・人事がやれといってうるさい」という発言もセットで出てきます。

　こんなセリフをいわれた面談対象者は、どう感じるでしょうか？

　多くの場合は面談者に対して怒りの感情を向けてきます。

　「会社が決めたことだったら、なんでもするんですか！」「あなた自身の考えが違うなら断ってください！」「私もこんな面談はやりたくないので、金輪際おことわりします！」などの反発を受けて、面談に応じる気をなくさせてしまいます。

　結果として、ある会社では本件について労働組合から抗議文が出され、面談が一時ストップする事態を招いてしまいました。

面談者は会社（使用者）の代理人です。

　絶対にこのような発言をしないように注意ください。

Check Point 10　社外の労働組合について

　所属する会社・職場・雇用形態に関係なく、所属することができる労働組合のことです。

　基本的には業界や地域別に運営されており、社内に組合が無い中小企業の従業員が加入することがほとんどです。

　「いまどき労働組合がある会社は少ない」そう思われがちですが、厚生労働省の労働組合基礎調査によると、直近の令和元年では100万人を超える労働組合員数を認識しており、微増ではありますが、労働組合に加入する従業員は増えて続けています。

　大企業の従業員であっても「社内の労働組合が頼りにならない」という理由で加入するケースもあります。「労働組合に加入する従業員はうちの会社にはいないだろう」とタカをくくっていると、ある日、突如として団体交渉の申し入れの書面が届くということになる可能性があるということです。

　大切なことなので何度もお伝えしますが、会社（使用者）と個人（従業員）は対等な関係にあります。会社としては丁寧に誠実に接することを心がけ、トラブルが大きくならないように注意しながら施策を進めてください。

2　面談のシナリオを作る
（退職勧奨のコミュニケーションは異質だと理解する）

　これまでも面談のシナリオという言葉は何度か出てきました。

　そもそも面談のシナリオはなぜ作る必要があるのか、2つの意味合いがあります。

　1つ目は、面談者のトレーニングをするための台本としての意味です。退職勧奨の面談を経験された方はほとんどおられません。経験が無いことをする前に疑似体験をしていただくために面談のシナリオは欠かせません。

　2つ目は、最悪のシナリオを知っていただき、対処の仕方を知ってもらうためです。例えば、当協会が作成する面談シナリオは想定されるリ

スクを詰め込み、面談の対象者が感情的になった場合のシナリオを作っています。想定外のことが起こったときに面談者がうろたえることがないように、リスクヘッジしておく必要があります。

では、面談シナリオはどのように作っていけばよいか。
面談シナリオは各社ごとに異なりますので、各社の事情に合わせて作っていく必要があります。ただし、一定の型はありますのでご紹介します。

（1）退職勧奨を行う理由（大義名分）の策定

なぜ会社として退職勧奨を行うのか、論理的に対象者にむけて説明をしていく必要があります。会社が退職勧奨を行う理由として、業種ごとにどのようなパターンがあるかご紹介していきましょう。

【小売業の大義名分事例】
・新型コロナウイルスの感染拡大により入国制限措置が行われており、訪日外国人観光客が入国できない状況が続いており、インバウンド需要の回復が現時点で見込めない中、経営判断として規模の縮小をするに至った。その中で固定費である人件費の削減も必要となっている。
・新型コロナウイルスの影響により、消費者の購買意欲が減退していることから市場経済が縮小しており、事業構造改革を迫られている。その一環として店舗数を減らしていくことが必須となっており、それに伴う人員の削減も必要となった。
・ECサイトの購買層の増加で実存店舗が苦戦をしいられていることに加え、新型コロナウイルスの感染拡大による影響で事業環境が著しく悪化しており、経費削減に取り組んできたものの、安定した黒字化は困難と判断し、事業撤退にともなう人員削減を決定した。

【サービス業の大義名分事例】

- これまで主要事業としてきた○○関連商品の販売事業がECサイトの隆盛および景気の減退にともなう消費者購買の減少により採算を維持することが困難になった。未来に向けてこの事態を解消するための抜本的な改革が必要とされる。その改革の一環として早期特別退職者を募集することを決定した。

- 対外需要の減少や新型コロナウイルスの感染拡大に伴って事業環境が急激に悪化しており、それに伴う拠点の選択と集中が必要と判断し、人員削減をはじめとするリストラクチャリングを進めていくことを決定した。

- 事業全般における構造改革にあたり、抜本的なコスト構造の見直しを進めてきたが、新型コロナウイルスの感染拡大に伴い、事業環境は一層厳しさが増している。また、在宅勤務の増加など、新しい生活様式に対応するにあたり、これまでの体制を維持することは困難であると判断した。今後の事業環境に対応するため、人的資源の最適化を実施する一環として希望退職制度を実施する。

- 事業の多角化の一環とした新規事業に経営資源を投下してきたが、事業の黒字化に至らず。そして新型コロナウイルスの感染拡大およびそれに伴った緊急事態宣言により、事業環境のさらなる悪化が見込まれ、事業の撤退を決定した。この施策にともなった人員の削減も行う。

【製造業の大義名分事例】

- 近年の装置の小型化を中心に当社で製造する機械の市場が縮小傾向にあり、直近3年間は赤字が続くなど厳しい事業環境に陥っている。このままでは会社の維持をしていくことも困難となり、同事業の継続は困難と経営判断した。それに伴い、事業部の縮小および人員整理が急務となっていることから人員の削減も視野に入れている。

・当社主力事業の１つであるFA市場における産業構造の変革および海外の廉価な製品に市場を奪われており、中長期的にも業績を回復させることが困難であるとの判断に至った。今後は利益の出ている別事業に投資を集中するとともに、固定費のさらなる削減が必要となり、人員整理を行うことを会社として決断した。

・国内のスマートフォン市場の成長が伸び悩んでいることから、当社製品の需要も減少してきている。さらに今後も厳しい市場環境が続くと見込んでおり、○億円のコスト削減を目指す収益強化策の一環として希望退職制度を実施することを決定した。

・昨今の米中貿易摩擦が継続していること、および、主要取引先である中国の景気減退、そして新型コロナウイルス感染拡大の影響でこれまでよりいっそう厳しい受注環境に陥っていることから、組織構造の見直しが必須となった。

　事例には「新型コロナウイルスの感染拡大」というキーワードを多く出しています。現在の経済情勢を鑑みてこのキーワードをあえて多く出してみました。しかしこの新型コロナウイルスの影響によらない人員削減施策も多く行われていますし、当然ながら2020年以前の施策ではこのキーワードは使われていません。

　共通して使われているものとして、以下の表現がよく使われます。

＜外部環境の悪化＞

・○○や○○を原因とした当社を取り巻く事業環境の悪化により〜

・当社の主力事業である○○における競合激化により〜

・当社製品に取って代わる○○の台頭により〜

＜自社環境の悪化＞

・固定費の増大により赤字体質となっている状況を打破するため国内外の組織を合理化し、筋肉質な組織としていくため〜

・事業の多角化をめざして参入した○○事業の不採算が中長期的にみ

て改善が難しい～
・当社主力工場である海外工場が台風による災害により長期稼働ができない状況となり～
・○○によって対外的な信用が悪化しており、これを改善するためには抜本的な組織構造の見直しと情報管理体制の見直しが必要となり～

　大義名分が退職勧奨を行う理由となるため、面談対象者が「その理由なら仕方ない」と少しでも思えるような、そして、理解できるような表現で作りこみましょう。

(2) 対象者への告知

　大義名分は面談対象者全体へのメッセージでした。次の段階としては面談対象者に対して告知をしていきます。告知する内容は対象者ごとに異なりますし、会社の方針によって全く異なるものになりますが、具体的な例を挙げて解説していきます。

「事業環境についてはお伝えしたとおりです。そして会社として検討を重ねたのですが、今後○○さんにやっていただく仕事がなくなる可能性が高い状況です」
　➡退職勧奨の際に使う言い回しとして一番多く使用されるセリフです。重要なことは、「辞めてほしい、退職してほしい、クビ、解雇」などの言葉を使わないことです。何度もお伝えしているとおり、退職勧奨は退職を勧める手法であり、直接的な表現を一切してはいけません。そして、この告知をしたときに面談対象者は驚き・困惑の感情を発露します。「なぜ私が対象になったのか、他の人はどうなるのか、事業部はどうなるのか、今後の私の労働条件はどうなるのか」といった質問や、「それは私にやめろということですか？」といっ

たような質問が出てきます。

「事業環境についてはお伝えしたとおりです。そして今後○○さんについては、今の仕事を継続していただくことは難しい状況となりますので、他の事業部に移籍していただくことになります」
➡これは不採算の事業部で継続して働いてもらうことができないので、部署異動を告知するパターンです。多くの場合、面談対象者はすぐに納得することはありません。

「会社の状況についてはお伝えしたとおりです。そして○○さんについては当社グループ会社であるA社に出向していただきたいと考えています」
➡グループ会社への出向を促すパターンです。現在勤めている会社に在籍しながら出向を打診する場合であっても、出向規定が定められていない場合は合意を得る必要があります。

Check Point 11 在籍出向の考え方について

　合意を得ることなく在籍出向を命じることができるのは、就業規則において出向規定が定められており、かつ、出向の期間、出向中の職制や報酬、退職金、福利厚生などの処遇に関して詳細な規定が設けられていること、業務上の必要性がある、といった場合に限られます。また、規定が設けられているとしても、出向を命じる労働者の労働条件が大幅に低下しないことも当然ながら条件の1つとなります。仮に大幅な条件の低下を従業員が受け入れたとしても、さかのぼって訴訟となった場合に、不利益変更禁止の原則から労働条件の変更無効となる可能性があります。

（3）面談対象者の要望・不満への対応

　面談対象者への告知をした後は、その面談対象者の反応を確認します。

　多くの場合は驚きや困惑といった感情とともに「なぜ」という反応を示します。面談のシナリオにおいてもこの「なぜ」にきちんと回答するセリフを作成しておきます。

　そして多くの場合、告知した事実を面談対象者が受け入れていくにつれて、不満が出てきます。例えば以下のようなセリフです。

「今まで一生懸命がんばってきたのにひどいじゃないか！」

「そんなことをするなら経営者が先に辞めるべきだろう！」

「どうして私がその対象になるのか。もっと給与が高い人を対象にすべきだ！」

「正社員よりも派遣を先になんとかするべきでしょう！」

「親会社から出向してきている社員を先になんとかしろ！」

　これらのセリフは実際に退職勧奨面談の場で出てきた言葉です。

　面談のシナリオでは、これらに対して適切な応答を作成しておく必要があります。以下に回答例を示しておきます。

＜要望・不満への解答例＞

「今まで一生懸命がんばってきたのにひどいじゃないか！」

　➡「お気持ちはわかりました。しかし、残念ながら成果につながっていないというのが前期までの会社の評価です」

「そんなことをするなら経営者が先に辞めるべきだろう！」

　➡「お気持ちは理解できます。しかしこの面談ではあなた自身の今後について話をさせていただく場です。経営陣の責任は改めて示されると聞いています。ですので、この場ではあなたの今後について話をしましょう」

「どうして私がその対象になるのか。もっと給与が高い人を対象にすべきだ！」

➡ 「他の方については、個別に各々と面談をしていきます。この場においてはあなたの今後について話す場です。他の方のことは置いておきましょう」

「正社員よりも派遣を先になんとかするべきでしょう！」

➡ 「派遣社員については会社として派遣元と検討しているところです。もちろんこのままというわけではありませんが、この場では他の方の話はやめておきましょう」

「親会社から出向してきている社員を先になんとかしろ！」

➡ 「出向で来られている方については、出向元との契約にもとづいて協議を進めています。今のこの場はあなた自身の今後のキャリアについて話す場です。他の人の話はしないでおきましょう」

　要望や不満に対する一貫した姿勢として、大事なことは以下の３点です。

① 面談対象者の話を最後まで聞く。話している途中で遮らない。

② 面談対象者の話を否定しない。事実と異なることでも本人の主張をまずは受け入れた上で、今後の話をする。

③ 面談対象者以外のことについては、話さない。論点は「面談対象者の今後のキャリアについて」であり、対応を一貫する。

　上記の３点を意識して、要望と不満については回答例を作成しましょう。

（4）面談対象者の不安への対応

　不満と不安は似ているようでまったく異なる感情です。私どもは下記のように解釈しています。

　不満…過去から現在に対して抱いているマイナス感情

　不安…現在から未来に対して抱いているマイナス感情

　同じマイナス感情でも時間軸が異なると解釈しています。一般的にはどちらが良いとも悪いともいえませんが、退職勧奨の面談において「不満」の状態のままでは退職勧奨はほとんどの場合、成功しません。**過去に固執している状態にあるから**です。

　一方で面談対象者が「不安」の状態になれば、現在から未来のことを考えはじめていることの表れであり、退職勧奨の成功に手がかかっていると考えています。

　では不安への対処の仕方について解説していきます。

　不安を抱く面談対象者から出てくる発言としては以下のようなものがあります。

　「私はこれからどうしたらいいんですか」

　「これまで○○の業務しかしてこなかったのに、転職先はあるのでしょうか」

　「まだ子どもが高校生で、これからまだ学費もかかるのにどうすればいいのか」

　「コロナで転職するのは大変な時期だと聞いている。他の部署で何か仕事はないのか」

　これらのセリフも実際に面談の場で出てきたものです。

　それぞれ以下に回答例を示しておきます。

「私はこれからどうしたらいいんですか」

　　➡「会社としては退職することを決意される方に対して、できる限り
　　　の対応として、会社都合での退職金と特別退職加算金を用意させて
　　　いただきました。そして、希望される方については提携している転
　　　職支援会社に登録できるようにしています。
　　　どうするかは○○さんが決めることですが、これから○○さんに任
　　　せる仕事がなくなる可能性が高いため、会社としては精一杯の対応
　　　をさせていただいたのです」

「これまで○○の業務しかしてこなかったのに、転職先はあるのでしょ
うか」

　　➡「私も転職についての専門家ではありませんから、明確に答えるこ
　　　とができません。
　　　よかったら会社が依頼している外部の専門機関の話を聞いてみませ
　　　んか？　彼らは転職市場のことをよくわかっていますし、外部の専
　　　門家の話を聞かれるのがよいのではないかと考えます」

「まだ子どもが高校生で、これからまだ学費もかかるのにどうすればい
いのか」

　　➡「お気持ちはわかりましたが、当社の中でもこれから○○さんに任
　　　せる仕事がなくなる可能性が高いという事実はきちんと説明しなけ
　　　ればならないので、お話しさせていただきました。今の段階では会
　　　社都合の退職金と退職特別手当を用意することができますが、今後
　　　についてはこの条件以上の手当は用意できなくなります。それを踏
　　　まえて改めて検討いただきたいのです。転職に対する不安は会社が
　　　依頼している外部の専門機関が相談対応しています。一度お話を聞
　　　いてみてはいかがでしょうか？」

「コロナで転職するのは大変な時期だと聞いている。他の部署で何か仕事はないのか」

➡　「残念ながら社内の他の部署も検討した上での状況をお伝えさせていただいております。転職に対して不安があれば再就職支援を会社として依頼しています。専門家の意見を聞いた上で改めて検討してみてはいかがでしょうか」

面談対象者の不安は主には2つの要因から構成されています。
①　稼ぎが無くなることに対する経済的な不安
②　仕事がなくなることに対するキャリアの不安

この2つの要因を解消するために、「会社都合の退職金」「退職加算金」「退職するまでの一定の期間を会社に所属したまま転職活動を認める」「再就職支援・転職支援」などで少しでも軽減できるようにしていきます。

（5）退職条件の提示（金額やその他条件の提示）

前項で退職金と特別退職金の条件について話をさせていただきました。

不安な状況に直面している面談対象者に経済的な支援となるお金の具体的な条件を提示していくフェーズです。

前提条件として改めてお伝えしますが、退職勧奨には面談対象者に退職の意思決定をしてもらうために退職加算金や特別退職金がつきものです。経済的なメリットが少しでもないと退職勧奨の成功率は大きく下がります。

実際に条件を提示していくにあたっては、退職金と退職加算金が合計でいくらになるかがわかる計算書類を面談対象者に渡すのがよいでしょう。

この行動も面談シナリオに入れておき、ヌケやモレが無いように準備しておく必要があります。

　ちなみに、加算金の額は業種や会社の規模によって大きく異なります。大手企業の場合は退職金とは別に、月収の12か月分を支払うことも珍しくありません。

　ただし中小企業に限っていえば、退職する方の月収の2か月分〜6か月分がこれまで見てきた数々の希望退職の加算金相場と考えています。また、一概には論じられませんが、総じて製造業の加算金は他業種と比較して高めの傾向があります。

　また、加算金以外にも下記のような支援も検討することで面談対象者の意思決定がスムーズになります。
・再就職支援の専門会社による再就職支援サービスを付与する
・転職支援会社に依頼し、転職支援サービスを付与する
・特別有休等を付与し、退職するまでの期間を会社に所属したまま転職活動を許可する

　再就職支援サービスを利用する企業の多くは、退職する従業員に費用をかけることのできる大手企業であり、中小企業は利用できることは難しいのが実情です。お金をかけることが難しい場合は3番目に記載した特別有休を従業員に与えて、一定の期間は給与を払いながら転職活動を許可することも検討し、面談シナリオに組み込んでもよいでしょう。

Check Point 12 再就職支援とはどんなものか

　会社で人事を生業としている方でも、再就職支援のことは知らないことのほうが圧倒的に多いのが実情のため、「再就職支援」について少しだけ触れておきます。

　中堅・大手企業が希望退職制度の実施や早期特別退職制度を実施する際に、退職を選択する従業員に対して再就職を支援するサービスです。

　契約内容により異なりますが、多くの場合は退職した従業員の転職先が決まるまで無期限で支援することが多く、転職先が決まってもミスマッチで辞めてしまった場合に再度、サービスを利用できるオプションをつけることも可能です。

　具体的なサービス内容として、1人ひとりに担当のキャリアカウンセラーがつき、再就職活動が円滑に行えるようにカウンセラーがキャリアカウンセリングやセミナーを行うことや、再就職活動の拠点としてのパソコン・電話等の設備の利用、再就職支援会社が開拓した求人情報を再就職希望者に紹介すること等で、採用が決定するまでサポートするという内容です。

　日本での歴史は1990年代から始まったもので、当時バブル崩壊を背景として増加した失業者が再就職をするための支援事業として、アメリカのアウトプレースメント事業をベースに日本でも受け入れられるようになりました。

　原則として、希望退職制度を実施する企業が費用負担しますので、再就職希望者は無料でこのサービスを受けることができます。

　1990年代の当時は再就職支援サービスを付与する人数×150万円くらいの価格帯でしたが、現在は人数×50万円〜70万円の価格が一般的になっています。

過去、バブル崩壊やITバブル崩壊、リーマンショック等の不景気がおとずれる際にサービス利用者は多くなる傾向があり、利用する企業の多くは価格を受け入れられる大手企業となっています。

　また、希望退職制度の対象が50代以上のいわゆる中高年層が多いため、再就職希望者は当然のことながら平均年齢は高めとなっています。

　そして、再就職支援会社から人材の紹介を受ける求人企業は、基本的に無料で紹介を受けることができます。

（6）次回面談の設定

　ここまでのシナリオをおさらいします。

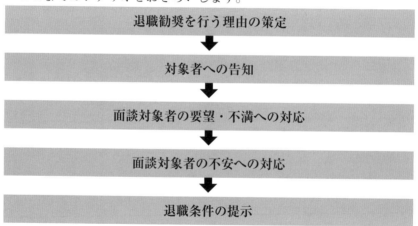

　1回目の面談で意思決定をすることはほとんどありません。面談対象者はまだ事実を受け入れられずにいることがほとんどです。

　また、1回目の面談で決断を迫るということも絶対にしないでください。考える時間を与えないことは「選択の自由」を奪うことになり、不当解雇だといわれかねません。

　ですから、1回目の面談で伝えたことをかみ砕いた上で、2回目以降の面談までに真剣に検討してもらうように伝え、次回面談の日程を伝えて面談を終えます。

　次項では一部の内容は変えていますが、実際に使われた面談シナリオをご紹介します。

（7）第1回目の面談シナリオの事例

①　飲食業の事例

第1回面談

＜面談の要点＞

■直近の会社業績を伝え、事業存続の危機であることを告げる。

■会社としては「解雇」はしたくないが、このままではその決断もありえることを告げる。

■その上で、会社都合による退職でわずかながら退職金も今なら出せる。

■会社都合であれば、失業給付金も退職後すぐに出る。

■真剣に会社に残るかどうかを検討するよう依頼する。

＜シナリオ＞

【面談者】○○さん、ご苦労様です。どうぞお座りください。早速ですが、今後の会社とあなた自身についてのご相談をしたいと思います。

　重々ご存知のとおり、当社だけではなく、飲食業界全体として、事業環境は大変厳しいものとなっております。○○さんには、A店の店長（社員）として踏ん張っていただきましたが、コロナウイルスによる売上へのダメージは深刻です。

　率直にいいますと、このまま店舗と従業員を維持していくことが大変難しい状況です。

　だからといって、会社としても解雇という手段はとりたいと思って

いません。解雇となると従業員の次の転職への負担にもなってしまいます。

　ですから、まだ会社としてギリギリの体力が残っているうちに、退職をする決断をされた方にはできる限りのサポートをしていきたいと考えています。

【対象者】苦しい状況は私も十分にわかっているつもりです（または沈黙）。でもコロナは落ち着いてきて、これからががんばりどきではないですか？

【面談者】あくまで会社としての判断ですが、まだこのコロナウイルスの問題は長引くと判断しており、助成金の申請もしていますが、とてもそれだけでは今の店舗と社員を維持できない状況です。

【対象者】そんな状況なんですか。では私はクビになるということでしょうか？

【面談者】いいえ、そうはいっていません。ただし、この状況においては社員やパート全員の雇用を維持することが困難であると考えています。

　そこで、早期に社外へ転進することを決める方については、わずかながらの退職一時金を用意させていただきました。具体的にはこの用紙に書いてあるとおりです。
※退職支援プログラムの概要を手渡す。

【対象者】…私はもっとここで働きたいと思っています（または沈黙）。

【面談者】気持ちはすごくうれしいです。しかし、お伝えしているとお

り、このままの状況ではやがて従業員全員を解雇することも検討しなければならなくなります。

　残る従業員についても給与の調整などをお願いすることになるかもしれません。

（大手の飲食チェーンでも従業員の給与カットをしている状況です。）

【対象者】でもお店をすべて閉めるわけではありませんよね。私は少しくらい給与が減ってもこのお店でがんばっていきたいです。

【面談者】気持ちはすごくありがたいのですが、○○さんが今勤めている店舗も今後閉店する可能性があります。店舗が閉店しなくても、他の店舗で退職が発生した場合はそちらに勤務をお願いする可能性も十分でてきます。また、先ほどもお伝えしたとおり、給与の下方調整をお願いすることになる可能性が高いです。

【対象者】私以外にもこのように退職の相談をしていくのですか？

【面談者】もちろん○○さんだけではなく、社員は全員面談する予定をしています。

【対象者】…（沈黙するようであれば１分ほどは様子を見る。話し出せば傾聴する）

【面談者】突然の相談で驚いたと思いますが、真剣に検討してほしいと考えています。

　今すぐに答えを出す必要はありません。応募期間は○月○日までですので、来週またお話しましょう。

　あと、社外への転進といっても具体的にイメージがつかない方も多

いと思いましたので、当社の提携先の転職支援をしている会社に相談できるようにしてあります。

　よかったら一度会ってみてはいかがでしょう。話を通しておきますよ。

【対象者】…少し考えさせてください。

【面談者】唐突な相談で驚かせたかとは思いますが、早めにお伝えすることが誠意だと思い相談させていただきました。

　また来週にお会いしてお考えをお聞かせください。今日はご苦労様でした。

② 製造業の事例

第1回面談

＜面談の要点＞

■業務改善プログラム（PIP）を年度初めからスタートしたが、○○さんには期待どおりの改善がみられなかった。

■プログラムを開始してからの働きぶりと評価を総合的に勘案した結果、○○さんには、今後社内で与える仕事がなくなる可能性が高い。

■特別退職金を用意したので、社外への転進も検討してほしい。

＜シナリオ＞

【面談者】○○さん、ご苦労様です。どうぞお座りください。

　さて、昨年1年間の業務評価において、残念ながら○○さんのパフォーマンスは会社の期待に達しておりませんでした。

　そこで、この4月から半年の間、○○さんのために業務改善プログラム（PIP）を実施し、パフォーマンスの改善を一緒に取り組んできました。しかし、残念ながら○○さんにおかれましては期待どおりの

改善が見られませんでした。そして、状況を鑑みて○○さんの今後の仕事を社内の別部署でも検討したのですが、残念ながら該当する職場がありませんでした。

【対象者】急にいわれても…。

【面談者】お気持ちは理解できますが、半年前に面談でお伝えしていますので、急ではありません。この半年間、フィードバック面談等で繰り返し、○○さんの改善をお願いしたはずです。会社としては、○○さんのパフォーマンスが改善されることを期待していました。

【対象者】それはそうですが。つまり、会社を辞めろということですか?

【面談者】いいえ、決してそのようなことはいってません。

【対象者】それでは、どうしろというのですか?

【面談者】会社と○○さんの今後のことを考え、社外に転進することも選択肢の1つだと考えています。そこで特別退職加算金と転職支援を会社として用意しました。
　この機会をぜひ前向きに検討いただきたいのです。
※加算金の明細を手渡す。

【対象者】業務改善プログラムの結果が悪かったのは、もともとの目標が高すぎて達成できなかったからだと思います。会社の目標設定が悪いんじゃないでしょうか。

【面談者】半年間のフィードバック面談でもお話ししてきたとおり、会

社も手順を踏んで、期間を設けて〇〇さんのパフォーマンス改善に取り組んできました。しかし、残念ながら、〇〇さんの改善が見られなかったということです。

　そして社内の他部署にもお任せできる仕事が無いので、社外も視野に入れて真剣に検討してほしいと申し上げています。

【対象者】……（沈黙）。

【面談者】お気持ちは理解できますが、今日はこのくらいにして後日、また面談しましょう。

　本日はご苦労様でした。

③　サービス業の事例

第1回面談

＜面談の要点＞

- ■フランチャイズ本部との関係性が悪化しており、今の状態のままではフランチャイズ契約解除となる可能性があり、事業存続の危機であることを告げる。
- ■人の健康に関わる業種であり、フランチャイズ本部との関係を継続していくためには問題部門の人材を大きく入れ替えることを検討する必要がある。
- ■会社としては「解雇」はしたくないが、このままではその決断もありえることを告げる。
- ■〇〇さんについては、これまで貢献してくれたので会社として解雇はしたくない。
- ■解雇ではなく、会社都合による退職でわずかながら退職金と特別退職金も今なら出すことができる。
- ■会社都合であれば、失業給付金も退職後すぐに出る。

■真剣に会社に残るかどうかを検討するよう依頼する。

＜シナリオ＞

【面談者】○○さん、ご苦労様です。どうぞお座りください。

　早速ですが、今後の会社とあなた自身についてのご相談をしたいと思います。重々ご存知の通り、この業界においては当社だけではなく、業界全体として、事業環境は大変厳しいものとなっております。

　また、○○さんもご存知のとおり、当社の所属しているフランチャイズ本部に大きなクレームが入っていることもあり、このままではフランチャイズ契約を維持できないかもしれません。

　○○さんにはスタッフとしてこれまで貢献していただきましたが、フランチャイズ契約を継続していくためには厨房スタッフの大幅な入れ替えが必須となります。

　そこで○○さんには、これまでどおりの業務はご担当いただくことができない状況となり、今後○○さんにやっていただく仕事がなくなる見込みなのです。

【対象者】…では私はこれからどうなるのですか？　辞めろってことですか？

【面談者】いいえ、そうはいっていません。ただし、この状況においては社員やパート全員の雇用を維持することが困難であると考えています。

　そこで、早期に社外へ転進することを決める方については、わずかながらの退職一時金を用意させていただきました。具体的にはこの用紙に書いてあるとおりです。
※退職支援プログラムの概要を手渡す。

【対象者】…私はもっとここで働きたいと思っています（または沈黙）。

【面談者】気持ちはすごくうれしいです。しかし、お伝えしているとおり、このままの状況ではやがて従業員全員を解雇することも検討しなければならなくなります。

　また、解雇となった場合には今回のような特別退職金は用意できません。

　そして、会社に残る従業員の方についても給与の調整などをお願いすることになるかもしれません。

【対象者】でもまだスタッフ全員を入れ替えすると決まったわけではありませんよね。

　私は少しくらい給与が減ってもこのお店でがんばっていきたいです。

【面談者】気持ちはすごくありがたいのですが、フランチャイズ契約が無くなれば、今勤めている店舗も今後閉店する可能性が高くなります。そうなった場合は会社としては事業存続ができないことになる可能性もあります。また、事業が存続できたとしても、先ほどもお伝えしたとおり、給与の下方調整をお願いすることになる可能性があります。
　※金額面を問われた場合は、現時点ではハッキリいえない旨を伝える。

【対象者】私以外にもこのように退職の相談をしていくのですか？

【面談者】もちろん○○さんだけではなく、スタッフは全員面談する予定をしています。

【対象者】…（沈黙するようであれば1分ほどは様子を見る。話し出せ

ば傾聴する）

【面談者】突然の相談で驚いたと思いますが、真剣に検討してほしいと
考えています。

　今すぐに答えを出す必要はありません。応募期間は８月末日までで
すので、来週またお話しましょう。

　あと、社外への転進といっても具体的にイメージがつかない方も多
いと思いましたので、当社の提携先の転職支援をしている会社に相談
できるようにしてあります。

　よかったら一度会ってみてはいかがでしょう。話を通しておきます
よ。

【対象者】…少し考えさせてください。

※会いたいということなら外部の支援機関へつなぐ。

【面談者】唐突な相談で驚かせたかとは思いますが、早めにお伝えする
ことが誠意だと思い相談させていただきました。

　また来週にお会いしてお考えをお聞かせください。今日はご苦労様
でした。

④　商社（中小企業）の事例
<面談の要点>
■業界全体の状況および自社の置かれている現状について丁寧に伝え
る。
■面談対象者の前期の目標および評価について共有する。
■現在の業務を続けていくことが難しくなることを伝える。
■ほとんどの社員は驚きと戸惑いの状態になるので、傾聴に注力。

<シナリオ>

【面談者】○○さん、ご苦労様です。どうぞお座りください。

　早速ですが、今日の面談では今後のあなたのキャリアについてのご相談をしたいと思います。ご承知のように、当社の置かれている環境は大変厳しいものとなっております。

※業績の下方修正等、話せる内容は話す。

　そして、○○さんの前期の目標に対する達成率は残念ながら目標に対して5割に満たない結果となりました。この評価について何かご意見はありますか？

【対象者】市場環境が変わったのですから、致し方ない面もあると思っています。顧客の属性もありますし。

【面談者】確かにそうです。しかし、環境の変化に対応して目標に到達している方がいらっしゃるのも事実です。

　○○さんについては前々期も目標に達することができていませんでした。このままの状況を会社として放置することができないと考えています。

【対象者】では私にどうしろというのですか？

【面談者】○○さんには、現在○○の業務をご担当いただいていますが、先に申し上げたビジネス環境が急激に変化していること、そして目標の未達成が続いている以上、現状の業務をそのまま続けていただくことができないと考えています。

【対象者】それは子会社に出向とか、他部署に異動ということですか？

【面談者】現状として子会社も含めて、他部門も含めた会社全体で各組織ごとに業務の見直しを行いましたが、お任せするポストがないというのが現状です。そこで、会社としては社外へ転進されることを決めた方については、会社都合による退職金と特別早期退職金、そして就職が決まるまでサポートをしてくれる再就職支援サービスを利用いただける制度を設けました。制度の概要はこの用紙をご覧ください。
※制度概要が書かれた用紙を手渡す。

【対象者】なぜそんなことになるのですか！　仕事は今も残業をするほどあります。

【面談者】今後、会社は組織を見直し、コストも大幅に削減しなくてはいけない状況です。○○さんについても例外ではありません。そのためにも残業もこれから大幅に減らしていかなければならないのです。その上で成果を出す必要があります。

【対象者】確かにここ数年はなかなか成果が出ませんでした。しかし精一杯がんばってきたことは、どう評価されているのですか。

【面談者】今までの貢献には大変感謝していますが、今の仕事をそのまま継続するだけでは、会社のさらなる成長が見込めないのです。

【対象者】そうはいっても、現実に私は今とても忙しいです。

【面談者】そうかもしれません。しかし、厳しい言い方になりますが忙しくても、成果が出なくては会社としてそのままの業務をお任せできないのです。
　　ですから○○さんのお気持ちはわかりますが、○○さんには今後の

キャリアについてよく考えていただきたいのです。

【対象者】それは私に辞めろということですか？

【面談者】いいえ。そのようなことは申していません。しかし社外も含めて検討していただく必要があると考えています。

【対象者】頭の中が整理できていません（もしくは沈黙）。

【面談者】厳しいお話になりますが、会社にとっても○○さんにとっても現状を継続していくことは難しいと考えています。

【対象者】私以外に、このような話をしているのは何人くらいいるのですか？

【面談者】この面談は○○さんの今後のことについての話をする場ですので、他の方の話は控えさせていただきます。今後のことを真剣に考えてほしいのです。

【対象者】あまりにも無責任な話だ。しかるべきところに相談しますよ。

【面談者】責任があると思っているから早めにきちんとお伝えすべきだと考えています。今日のところはこのあたりにしておきましょう。
　来週また面談をさせていただきます。ぜひ真剣に今後のことをお考えください。今日はご苦労様でした。

⑤　製薬会社の事例

<面談の要点>

■役割・実績が会社の期待を下回っていることを共有し、理解させる。

■今後、与える仕事がなくなることを伝える。

■社内やグループ会社を含めた活躍の場がないことも告げる。

■今後のキャリアについて、社外への転身も選択肢の1つとして、真剣に検討してほしい旨を伝える（特別に早期退職制度を用意した）。

<シナリオ>

【面談者】○○さん、ご苦労様です。どうぞお座りください。

（直近評価のフィードバック）

　　今日は、今後のあなたのキャリアについてのご相談をしたいと思います。

　　○○さんのこれまでの役割、実績が今のポジションに求められる期待を下回っているとお話してきましたが、○○さんはどう思っておられますか？

【対象者】どういうことでしょうか？（または沈黙）

【面談者】ご承知のように、足元の会社業績はまだ持ちこたえていますが、世界的な流行をみせているコロナウイルスの問題など近い将来の収益悪化につながる環境変化も控えています。今後の事業計画の策定においてもこうした環境変化に備えて会社として体力のあるうちに体質強化に取り組む方針がでており、全ての業務の見直しを進めています（ここまで一気に話す）。

　　結果、残念ながら、今後、あなたにやっていただく仕事がなくなる見込みです。

101

【対象者】なぜ私の仕事がなくなるのですか？　他にも何人も社員はいるのに、なぜ私なのですか？

【面談者】これまでの評価、勤務状況、仕事内容、ご年齢や今後の可能性、組織の現状などを総合的に考えた結果、○○さんにやっていただく仕事は見直しになる（なくなる）見込みです。

【対象者】評価は、今一歩かもしれませんが、私は今まで、一生懸命がんばってきました。

【面談者】お気持ちは理解できますが、評価のフィードバックでお話しましたように、役割、実績が会社の求める期待に達していません。

【対象者】今後、今やっている仕事がなくなるのであれば、別の仕事に変えて欲しいと思います。

【面談者】全社的に同様の業務の見直しを行っており、別の仕事を見つけることが大変厳しい状況です。

【対象者】派遣社員がまだ残っている。正社員よりもそういった方を先に辞めさせるべきだ。

【面談者】派遣をどうするかは会社として考えていますが、今はあなたについての話をしているのですから、ほかの方の話はやめておきましょう。そもそも、派遣社員の業務やその給与水準は、あなたとは相当格差があるはずですから、同列で議論することはできません。

【対象者】出向者を出向解除にすればいいじゃないですか。出向者のほうが私よりも給料が高いですよ。

【面談者】今は、○○さんご自身の今後について話をしています。他の人についてこの場で話をすることは適切ではありません（ちなみに、出向者については出向元との契約に従い、検討を進めていきます）。

【対象者】部門内では、私のように声を掛けられている社員は何人くらいいるのですか？

【面談者】今はあなた自身の話をしています。他の人のことではなくご自身の将来のことをよく考えてください。

【対象者】私にどうしろというのですか。

【面談者】社内に仕事がなくなる状況で、いつまでもこの状況を継続できませんので、○○さんに早期退職支援プログラムを用意いたしました。
※プログラムのわかる書類を手渡す。

【対象者】早期退職支援プログラム…ですか…。

【面談者】早期退職支援プログラムは、次のキャリアを外に求める方への会社としての支援プログラムです。（以下、早期退職支援プログラムの内容説明）
　　○○さんは、社外への転進については、どのようにお考えですか？

【対象者】いきなり社外への転進といわれても…考えたこともないです。

【面談者】繰り返しになりますが社内に仕事が無くなる可能性が高いのですから、社外への転進も含めて、今後の可能性をご検討された方が

良いのではないかと考えています。

【対象者】辞めろということでしょうか？

【面談者】いえ、そうはいっていません。このような厳しい状況ではありますが、ぜひ前向きにこれからのキャリアをどうするのか考えてください。その際に、社外への転進も選択肢のひとつとして考えていただきたいと考えています。ただし、社外転身をするかどうかはあなた自身が決めることです。

　後日改めて面談を設定しますので、その時に、○○さんの考えを聞かせてください。本日はご苦労様でした。

（8）第2回目以降の面談について

　2回目以降の面談では1回目の面談を受けてどのように考えているか、面談対象者の意向を確認します。

　パターンとしては大きく分けて3パターンに分けられます。

① 退職する意思を固めてきた場合

　2回目の面談までに退職の意思を固めてくる方は多くありませんが、中にはいらっしゃいます。面談者の対応としては、これまでの労をねぎらい、真剣に検討をしてくれたことに感謝をした上で、退職の手続きを進めていきます。

　具体的な退職手続きとして、面談対象者に退職届を記入してもらい受理するといった流れです。

② 退職するかどうか迷っている場合

　多くの方はこのパターンにあてはまります。会社からは、今後仕事がなくなる可能性が高いといわれたり、これまでと同じ業務が続けられないといわれている中で、会社に残りたいという気持ちと、退職すること

で優遇される条件を加味して、新たな挑戦をしたいと思う気持ちが自身の中で葛藤している状態です。

　面談者の対応としては、1回目の面談で伝えた、会社のおかれている状況と面談対象者のおかれている状況を改めて伝え、1回目の面談よりも一歩踏み込んだ退職勧奨を実施します。のちほど事例にて具体的に示します。

③　辞めないという意思を固めている場合

　会社に対する不満が大きい方、もしくは、絶対に会社にしがみついてやろうという意思が強い方はこのパターンにあてはまります。

　面談者の対応としては②と同様、1回目の面談で伝えたことを改めて伝え、一歩踏み込んだ退職勧奨を実施していきます。

　ただし、あまりにも抵抗が強い（大きな声を出す・暴れだす）場合は面談を中断し、落ち着いて話せる環境を整えてから面談を再開します。

　2回目の面談では、1回目の面談のとき以上に面談対象者の感情が発露します。1回目の面談では驚き・戸惑いの状態にあったため出なかった感情が出てくるということです。

　ときには攻撃的なコミュニケーションを取ってくることもありますので、面談者は感情的になることのないように留意する必要があります。

　実際に使われたシナリオをご覧いただきましょう。

（9）第2回目の面談シナリオの事例

①　製造業2回目の面談

＜要点＞
　■前回の面談を踏まえて、どう考えているかを確認する。
　■前回よりも踏み込んだ退職勧奨を行う。

＜シナリオ＞

【面談者】○○さん、ご苦労様です。どうぞお座りください。

　　先だって○○さんの今後のキャリアについて考えていただきたく面談をさせていただきましたが、その後どのようにお考えになられたかお考えをお聞かせください。

【対象者】どんな仕事でも挑戦します。社内で仕事を見つけてください。

【面談者】挑戦するお気持ちはありがたいのですが、挑戦していただく仕事が社内には無い状況なのです。

【対象者】それは、やっぱり私に会社を辞めろということじゃないですか。

【面談者】いいえ、けっしてそうではありません。

【対象者】では、私はどうすればいいんですか？　辞めるつもりはありません。

【面談者】繰り返しになりますが、今の会社のおかれている状況はとても厳しく、このままでは体制を維持していくことができません。そして○○さんについて、これまでの業務における評価は率直に申し上げて厳しいものです。会社として看過することは難しいという判断をしており、真剣に今後のことを考えていただきたいのです。

　　そして、会社としては○○さんと会社の双方の今後を考え、特別退職加算金をお渡しできる制度を作りました。社外も含めて真剣に検討してほしいのです。

【対象者】でも、社外といっても次の仕事は見つかるのですか？　コロナもあり、世間的には厳しいと聞いています。

【面談者】私も転職については専門家ではありませんので確実なことは申し上げられませんが、一度、当社と提携している転職支援会社のキャリアコンサルタントにお会いになられて、○○さんの可能性や今の求人状況等をご自身で確認されて判断されてはいかがでしょうか？

【対象者】そこまでいわれるなら、一度だけ会ってみます。

【面談者】わかりました。日程は私が調整して、改めてご連絡します。キャリアコンサルタントと面談した後、また面談をしましょう。今日はお疲れ様でした。

②　サービス業２回目の面談
＜要点＞
■前回の面談をふまえて、その後どのように考えているか？
■退職することがデメリットだけではない、お互いが前を向くための施策である。
■一歩踏み込んだ退職勧奨を行う。

＜シナリオ＞
【面談者】○○さん、お疲れ様です。どうぞお座りください。
　さて、前回、面談をさせていただきましたが、その後どのようにお考えになられたかお話いただけませんか？

【対象者】家族とも話したのですが、今仕事を辞めることはリスクが高いので、辞めたくないです。

【面談者】そうですか。前回お伝えしたことの繰り返しになりますが、フランチャイズ契約が解消になれば事業の存続ができません。つまり整理解雇をせざるを得ない状況になります。

　そうなってしまうと、今回のような特別退職金をお渡しすることもできなくなります。

　そのことはご理解いただいていますね？

【対象者】はい。でも辞めたところですぐに仕事がみつかるとも限らないですし、仕事は好きですから。それにしても突然のことで、今まで会社に貢献して来たのに、ひどいじゃないですか？

【面談者】当然ながら、会社としても事業を撤退するといったことはしたくありません。

　ただ、繰り返しになりますが、フランチャイズ加盟店としてやっていく以上、フランチャイズ本部が懸念する点であるスタッフの入れ替えは避けることができません。

　○○さんはこれまで貢献してくれたことを加味して、特別退職金を会社としては用意させていただきました。

　また、もし希望されるのでしたら、転職支援会社もご紹介します。

【対象者】それって、私に辞めろといっていることと同じじゃないですか！

【面談者】いいえ、決して辞めろとはいっておりません。そして、もちろん会社としても将来的に解雇することは望んでいないのです。ただ、もし解雇となれば、○○さんが次の職場を探すときにも、調べられたら解雇された事実はわかります。つまり、次の職場が探しにくくなるということです。

【対象者】それじゃ、私はどうすればいいんですか？

【面談者】繰り返しになりますが、このままでは○○さんにやっていただく仕事がなくなります。

　会社としては、今までの貢献を考えて、できる限りの特別退職金を用意しました。

　もし、お話に応じていただけるのでしたら、今回の退職についても会社都合として進めますので、失業保険もすぐ支給されるでしょう。お互いに前を向いて、これからのことを考えていきませんか？

【対象者】でも、私もいい歳です。次の仕事は見つかるでしょうか？

【面談者】当社で提携しております転職支援会社のキャリアコンサルタントに一度、お会いになられて、いろいろな社外の求人状況や事例をご自身で確認し、判断されてはいかがでしょうか？

【対象者】少し考えさせてください。

【面談者】情報は多い方が○○さんにとっても良いと考えます。今日はここで面談を終えるとして、今一度、真剣に検討してみてください。本日はお疲れ様でした。

（10）第3回目以降の面談について

　ここまで第1回目・第2回目の面談のシナリオと事例について触れてきました。

　第3回目以降については、第2回目の面談を繰り返していくことになるのですが、面談の回数と頻度については会社としてきちんと限度を決めておくことが必要です。

面談の回数が多すぎる、例えば面談対象者が面談のたびに断っているにもかかわらず、しつこく退職を迫るような場合、また、毎日のように面談を繰り返すような場合においては、退職勧奨ではなく退職強要と判断されることがあります。

　面談の頻度は1週間に1回程度を目安に行うように当協会ではお伝えしています。

　そして回数については、4回を目安に行い、面談が膠着状態になった際には外部の専門家と話す機会を持つことをお勧めしています。

退職勧奨の頻度と回数により訴訟になった事例

【事件例②】下関商業高校事件（昭和55年判決）

　退職勧奨の回数や頻度が争点となった事件の判決。

　昭和40年当時、私立下関商業高校の教諭である2名に対し、2名ともに退職することを固辞していたにもかかわらず2年以上におよぶ退職勧奨を行っていた。この間の勧奨の方法、程度は、校長および市教委がそれぞれ2～3回、または学校・市教委で本人に退職を勧め、優遇条件等を交渉する程度のものだった。

　しかし、昭和44年から、市教委は両名に対し強度の高い退職を勧奨することを決め、これを受けた教育次長らの担当者（面談者）は、

- ・1名に対しては同45年2月から5月までの間、計11回の面談
- ・もう1名に対しては同年2月から6月までの間計13回の面談

を実施し、時間にして約20分、長い時には2時間強に及ぶ退職の勧奨を行ったというもの。この間における面談者の発言として「退職するまで勧奨を続ける」ということを繰り返したり、退職とは関係のない業務上の要求に応じないとの態度を示したり、研究物かレポートの提出を求めたり、本人たちの意図に沿わない配置転換などを示唆したりしたというもの。

　面談対象者は受けた退職勧奨は違法なものであり、これにより名誉感情を傷つけられるなどの精神的苦痛を受けたと主張し、下関市、市教委、勧奨担当責任者を相手に、慰謝料の支払いを求めた。

　一審判決（山口地裁下関支部）は、本件退職勧奨は被勧奨者に心理的圧力を加えて退職を強要した違法なものであるとして、国賠法に基づき、下関市に対し両名に各４万円、５万円の慰謝料の支払いを命じた。

Check Point 13　従業員の健康状態の把握について

　たまに受ける質問として、「従業員の健康状態について、会社がどこまで知ることができるか」といった質問があります。結論から申しますが、個人情報やプライバシー保護の観点から、就業するにあたってなんら問題の無い従業員の健康状態をむやみに詮索することはNGです。

　しかし、従業員には労務提供の義務があり、使用者には従業員の安全衛生管理の義務が課せられていますので、就業することができる状態かどうかについて疑わしい状況が発生している場合においては会社（使用者）が従業員の健康状態や仕事の復帰に際して、担当医師に話を聞くことはなんら問題がないと考えられています。つまり、労務の提供ができるか否かの判断が必要な際は従業員の健康状態に関する個人情報を得ることができるということです。

3 面談者のトレーニング①
（関連法規について）

　ここからは面談を行う経営幹部に対して実施するトレーニングについて触れていきます。

　大事なことですから何度もお伝えしますが、面談のやり方次第で退職勧奨は違法行為になってしまう可能性があります。このことを念頭においてトレーニングのやり方をお伝えしていきます。

（1）雇用契約はどのように結ばれるか
（根拠となる法律は民法623条）

　この話は第一章の1で触れています。実際に面談者となる方にも「そもそも雇用契約はどう成立するのか」を伝えてください。重要なことは口約束でも雇用契約は成立すること、そして退職勧奨は口約束で雇用契約を解除していくやり方だと伝えます。少々暴論ではありますが、この言い方が面談者には伝わりやすいでしょう。

（2）就業規則について
（根拠となる法律は労働基準法89条）

　就業規則とは常時10名以上の従業員を雇用している会社において、作成・届出をすることが義務付けられている「会社のルールブック」です。

　当協会のやり方として、まず面談者になる方には、「自分の会社の就業規則がどこにあるか」をお聞きしています。

　なぜなら、就業規則の明示は会社の義務だからです。就業規則を明示していないということは違法性があるということです。

　想像してください。退職勧奨の面談の場で、面談対象者から「就業規則を見たことがない。会社としての明示義務を果たしていないではない

か」といわれたときに、面談者がこのことを知らなければ戸惑うことでしょう。必ず就業規則がどこにあるのかを事前に確認するようにしておきましょう。

そして、次に就業規則を読んだことがあるかを問います。とりわけ、「退職」の項目について理解されているかどうかを確認します（就業規則の中には必ず「退職」に関する項目が設けられているはずです）。

面談者はこれから退職勧奨をするわけですから、自社において、退職や解雇がどのように記載されているかをトレーニングのその場で配布し、読んでいただいています。そして読んでいる中で質問があれば回答します。トレーニングの講師は事前に就業規則に目を通しておくことをお勧めします。

（3）雇用契約の解約申し入れについて

（根拠となる法律は民法627条１項）

これはまず条文を読み上げます。

当事者が雇用の期間を定めなかったときは、各当事者は、いつでも解約の申入れをすることができる。この場合において、雇用は、解約の申入の日から２週間を経過することによって終了する。

ここでまず面談者となる方には、「雇用の期間を定めなかったとき」とはどういう場合を指すのかを問います。回答としては一般的にいわれている「正社員」のことです。

ここで伝えてほしいポイントとしては、

＜期間の定めが無い➡裏を返せば、合意すればいつでも解約することができる＞
ということです。

逆に、契約社員やパート社員の場合は「期間の定めがある契約」であることが一般的です。つまり、以下のようなことがいえます。

＜期間の定めがある➡契約期間中においては（会社は）いつでも解約

することはできない＞

ということは、面談対象者が正社員であったとしても退職勧奨すること
はなんら問題ない、違法性がないということです。面談者の不安を払拭
するためにもぜひこの事実をお伝えください。

ちょっと
ポイント
世の中には、正社員・契約社員・パート・アルバイトなど色々
な雇用形態がありますが、法律用語においては２つの雇用形態
しかありません。それは「期間の定めのない雇用」と「期間の
定めがある雇用」の２種類です。そしてこの２つの雇用形態は
期間の定め以外に違いはありません。雇用形態による賞与・
ボーナスの有無も法律上は定められていません。

（4）解雇権濫用の法理

（労働契約法16条）

　本書第一章の４で詳しく説明させていただきましたが、面談者トレー
ニングにおいても面談者に説明します。手順として、まずは条文を読み
上げていきます。

**　解雇事由がある場合においても、使用者は常に解雇しうるものではな
く、当該具体的な事情のもとにおいて、解雇に客観的に合理的な理由が
なく、社会通念上相当なものとして認められないときには、当該解雇の
意思表示は、解雇権の濫用として無効になる。**

　読み上げたあとに、面談者に「退職勧奨と解雇は同じでしょうか？
違うとすれば、何が違うでしょうか？」と問いかけていきます。

　そして、解答を伝えます。「解雇は会社による一方的な意思表示で行
うものです。退職勧奨は会社が従業員に対して退職を勧め、合意を得る
ために行うものです。つまり解雇は会社の行う一方的な行為であり、そ
の一方的な行為には大きな制約があるけれども、退職勧奨は一方的では
なく、会社（使用者）と個人（従業員）が互いに歩み寄って合意するこ

とを目的としているため、両社はまったく異なるということを伝えていき、面談者に退職勧奨≠解雇という認識を持ってもらうようにします。

　この項目の大きな目的としては、**退職勧奨の面談の中で「解雇と同じじゃないか」と問われた際に、「まったく異なる」ということを面談者が自信を持っていっていただくことです。**

（5）整理解雇の4要件について

　解雇をするわけではないですが、面談対象者から質問があったときの備えとして、第一章の3でご説明した整理解雇の4要件について、面談者に説明します。

　内容は本書に記載した内容をそのままご説明いただければ結構です。

（6）従業員の権利「団結権」について

（根拠となる法律は憲法28条）

　これもまずは条文を読み上げます。

　勤労者の団結する権利及び団体交渉その他の団体行動をする権利は、これを保障する。

　ここで面談者に伝えたいことは、従業員の権利を侵害してはいけない、ということです。

　中小企業では労働組合が無い場合がほとんどです。しかし、労働組合は社内になくても社外に多く存在しています。そして、退職勧奨を実施した場合、社外の労働組合に加入する従業員もいらっしゃいます。

　退職勧奨の面談において、面談対象者から「社外の労働組合に加入した（もしくはしたい）」と告げられた際の面談者の対応として、組合の加入に関して意見をいうことも控えていただかなければなりませんので、そのことをトレーニングで告げてください。

　さらに面談者のために具体的なセリフを用意するとするなら、「組合への加入は個々人の判断で行うものですので、コメントは差し控えさせ

ていただきます。また、仮に加入されたとしても組合への対応は別の者がします。この面談はあなたの今後のキャリアについての話をしています」といった形でお伝えください。

（7）不当労働行為について

（根拠となる法律は労働組合法7条）

　まずは下記の条文を面談者に読み上げていただきます。

　使用者は、次の各号に掲げる行為をしてはならない。

1．労働者が労働組合の組合員であること、労働組合に加入し、若しくはこれを結成しようとしたこと若しくは労働組合の正当な行為をしたことの故をもって、その労働者を解雇し、その他これに対して不利益な取扱いをすること又は労働者が労働組合に加入せず、若しくは労働組合から脱退することを雇用条件とすること（以下略）。

2．使用者が雇用する労働者の代表者と団体交渉をすることを正当な理由がなくて拒むこと。

3．労働者が労働組合を結成し、若しくは運営することを支配し、若しくはこれに介入すること、又は労働組合の運営のための経費の支払いにつき経理上の援助をあたえること（以下略）。

　前項でお伝えした**団結権の侵害が不当労働行為にあたる**ということを伝えます。

　そして、団結権のほかに、従業員の権利として団体交渉権と団体行動権があり、いずれの権利も侵害した場合は不当労働行為となるということを面談者に認識させます。

　そして、不当労働行為を行ってしまった場合には、刑事罰はありませんが、会社が行う解雇や配属や転勤にかかわる事柄、あるいは懲戒処分も全て無効となります。つまり不当労働行為をはたらいてしまった場合、退職勧奨自体がストップしてしまうことになります。そうならないためにも、きちんと面談者トレーニングで不当労働行為について理解をして

いただく必要があります。

　ここまでで関連法規については終えますが、(1) ～ (7) について改めて復習をした上で次のトレーニングに進んでいきましょう。

4　面談者のトレーニング②
（全体の流れの把握・経営陣との意思疎通）

関連法規を頭に入れた上で、退職勧奨の全体像を説明していきます。まずは図をご覧ください。

全体の流れ

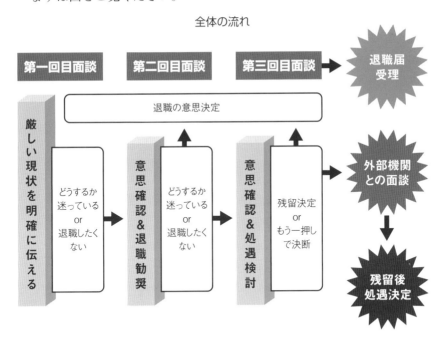

　この図はある会社で退職勧奨を行ったときの実際の資料です。この会社では面談回数を3回程度の目安としていました。この事例に沿って解説していきます。

面談者のトレーニングを行う際には、全体像を把握していただき、各回の面談の目的を伝えていきます。

　第1回目の面談は「告知」が目的です。箇条書きにすると以下のような内容です。

・会社のおかれている現在の状況を伝える。
・面談対象者のおかれている現在の状況を伝える。
・今後、面談対象者にやっていただく仕事がなくなる（可能性が高い）ことを伝える。
・社外への転身も含めて、真剣に検討してほしい旨を伝える。
・社外へ転進を決めた際の条件を伝える。
・次回の面談日時を伝えて面談を終える。
※詳しい内容については、面談のシナリオを用意しているので、のちほどロールプレイで体感していただくことも面談者に伝えておくとよいでしょう。

　第2回目の面談は「意向確認」と「一歩踏み込んだ退職勧奨」が目的です。

・第1回目の面談を踏まえて、どのように考えているかを確認する。
・退職する意思を固めた場合は、退職の手続きを進める。
・不満が出てきたら話を遮らずに聞く。
・不安が出てきたら相談に乗る（外部の専門機関につなぐ）。
・迷っている、あるいは退職する意思が無い方には改めて会社のおかれている状況と面談対象者がおかれている状況を伝える。
・状況を伝えた上で、社外への転身も含めて、改めて真剣に検討してほしいと要請する。
・次回の面談日時を伝えて面談を終える。

　第3回目の面談は第2回目と同様、「意向確認」と「さらに踏み込ん

だ退職勧奨」が目的です。

・これまでの２回の面談を踏まえて、どのように考えているかを確認
　する。

・退職する意思を固めた場合は、退職の手続きを進める。

・不満が出てきたら話を遮らずに聞く。

・不満を聞いた上で、会社に残ってどのように貢献していくかを確認
　する。

・不安が出てきたら相談に乗る（外部の専門機関につなぐ）。

・退職する意思を固めた場合は、退職の手続きを進める。

・まだ迷っている場合は、外部の専門機関への相談を強く勧める。

・退職する意思が無い場合は今後の処遇を会社として検討する。

　このように各回の面談の意図を面談者に理解させ、面談者として何を
するのかを改めて全体像を伝えていきます。

　そして、加えて大事なことは、退職勧奨は会社として行う施策であり、
面談者は経営者の代理として面談を行う立場であること、中途半端な覚
悟で臨まないように念押しをしておきましょう。

Check Point 14　面談者は広義の使用者

　多くの場合、面談者は部長クラスの方が行います。通常の考え方
でいえば、部長クラスといっても、立場は**使用者ではなく従業員**で
す。しかし、退職勧奨は会社（使用者）の代理として行う、つまり
広義の意味で使用者だという認識を面談者に持たせることが重要で
す。

5 面談者のトレーニング③
（社員の心理状態について）

　次に面談対象者がどのような心理状態になるのかを面談者に伝えていきます。

　まずは図をご覧いただきます。

社員の心理

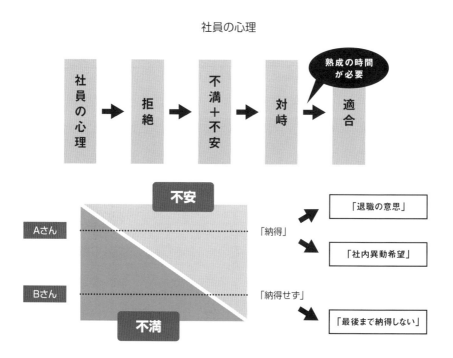

　この図について解説していきます。

　まず、**面談対象者は第１回目の面談ではどんなことを告げられるかわかっていません。**

　そこで「会社の状況は厳しい、社外の転身も含めて検討してほしい」

といわれることは青天の霹靂であり、その現実を受け入れられないことがほとんどです。つまり図でいうところの「拒絶」の状態になります。

そして、徐々に現実を受け入れていくにつれて、「不満」と「不安」の状態に移行していきます。

ここで重要なことは「不満」の状態を解消していかないと、話が前に進んでいかないということです。シナリオの事例解説でも書きましたが、面談者トレーニングでも以下のように伝えていきます。

不満…過去から現在に対して抱いているマイナス感情
不安…現在から未来に対して抱いているマイナス感情

「不満」を持っている方は、過去から現在に起こったことについて議論をしようとします。結論からいいますと議論をするべきではありません。

過去に起こったことや、面談対象者が持っている過去についての感情は変えようがないからです。ではどうするのか、これまでも書いてきましたが、不満を聞いてあげること以外にはありません。話を遮らずに、頷きながら傾聴するのです。反論したいこともあるとは思いますが、グッと堪えて話を聞きます。

そして不満の噴出が終わったら、「○○さんのお気持ちはよくわかりました。しかし、会社のおかれている状況はお伝えしたとおり厳しい状況です。そして○○さん自身の仕事もこれからなくなる可能性があります。だからこそ、**今後のことを真剣に考えてほしいのです**」といったように、過去ではなく未来の話をする場であることを認識してもらうように促していきます。

　重要なことは　不満➡不安　へと面談対象者の感情の移行をさせることです。

「不安」の状態に移行すれば、今後のことを真剣に考えだしたということですから、面談としては成功といって差し支えありません。今後の経済的な不安、仕事に関する不安に関する言葉が出てきたら、面談者は相談に乗るスタンスを取るようにしてください。

　そして、出てくる不安に対する回答としては以下のような対応をしていきます。

・経済的な不安➡会社としてできる限りの支援として、退職金とは別に特別退職加算金を準備した（今後この条件以上は提示することはできなくなる）。
・今後の仕事に関する不安➡転職支援会社や再就職支援会社、外部のキャリアコンサルタントへの相談を促す。

　もちろん、面談対象者の不安をすべて払拭できるわけではありません。
　しかし、面談対象者にとっては「ある意味では今がチャンス」だと思ってもらうことが重要です。

　そして、不安の感情が醸成されてくると、現実と「対峙」する状態になります。面談対象者は退職するメリットとデメリットを考え、具体的な行動としては、今後の仕事について検索することや、周囲に相談をしはじめます。この状態は決断前の迷いの段階なので少し時間を要します。

　その後、退職する決断を下した方については退職後の現実に対して「適合」し、今後について具体的に行動をはじめます。

　面談者にとって特に重要なことは、後ろを振り返ってばかりの「不満」から、今後のことを考える「不安」の状態に持っていくことを意識して面談を進めるということです。

6 面談者のトレーニング④
（第1回面談の構成）

　関連法規、全体の流れの把握、面談対象者の心理状態と進めてきましたが、ここでは面談の構成について面談者に伝えていきます。まずは図をご覧いただきます。

第1回面談の流れ

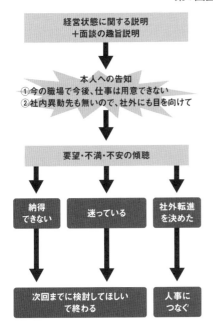

●面談は2部構成

前半5〜10分位（約30％）は必須事項の伝達。
後半20〜25分位（約70％）はひたすら傾聴。
※異動の可能性があるケースは事前に対象者を
　決めておく（求人がある場合）

●面談が終わったら、すぐ面談記録をまとめる

面談にあたり調査、準備するポイント

1．人事から以下の基本情報を提供
　　・過去の評価
　　・勤務（超勤なども含む）状況
　　・家族状況、現住所
　　・加算金額　等

2．被面談者の人間関係
　　・上司、同僚、部下との人間関係
　　・特に親しくしている友人、上司
　　・組織の一員としての自覚があるか
　　・過去にトラブルを起こしたことがあるか
　　　〜わかる範囲で。
　　※事前情報なしに無防備に面談に臨まない

　面談者に伝えるべきことは以下の内容です。

◎面談は2部構成であること

＜前半＞5〜10分くらい（約30％）は会社の状況・面談対象者の現状

など必須事項の伝達

＜後半＞20 ～ 25分くらい（約70％）は面談対象者の不満・不安等を傾聴する

※面談全体の時間は60分程度を上限として終えるようにしてください。

◎面談が終わったら、すぐ面談記録をまとめること

　面談中に話していることをすべてメモすることはNGです。想像してもらうと理解しやすいと思いますが、自分の話すことがすべてメモされていると警察の事情聴取のようで、自由に話しにくい状況を作ってしまいます。特に不満を軽減するには「傾聴」する必要がありますので、面談対象者から話を引き出す必要があります。ですから面談中は重要だと思われるキーワードだけメモを取り、面談を終えてから一気に記録をまとめるようにしましょう。

◎面談にあたり調査、準備するポイント

　以下の基本情報を頭にいれておいてください。

・過去の評価

・勤務（超勤なども含む）状況

・家族状況、現住所

・加算金額　等

　情報はできるだけ多い方が良いです。大きな理由としては、面談対象者が面談者に対して、「あなたはそんなことも知らないで面談しているのか！」といったような、面談対象者が感情的になることを防ぐためです。

　当然ながら、世間話をするために情報を入手するわけではありません。面談者からプライベートに踏み込むような発言は控えてください。

◎被面談者の人間関係

・上司、同僚、部下との人間関係

・特に親しくしている友人、上司

・組織の一員としての自覚があるか

・過去にトラブルを起こしたことがあるか

　人間関係や人事情報の把握も重要です。個人情報を含めた事前情報なしに無防備に面談に臨まないようにしてください。これも面談者のほうから情報を発信する目的ではなく、把握しておくだけで構いません。

7 面談者のトレーニング⑤
（第2回以降の面談の構成）

第2回以降の面談の流れ

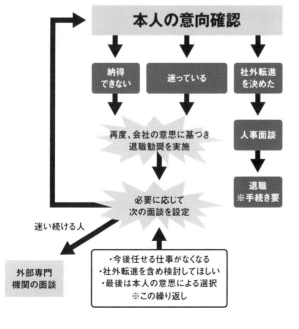

125

第2回目以降の面談については、第1回目のように時間配分は考えなくて構いません。

　※面談全体の時間は60分程度を上限として終えるようにしてください。

◎面談の要点

・第1回目の面談で伝えたことが、きちんと伝わっているか。

・伝わっていない、あるいは事実と異なる解釈をしている場合は、改めて会社のおかれている状況と本人のおかれている状況を明確に伝える。

・不満の心理状態にある場合は傾聴し、不安への移行を促す。

・不安の状態にある場合は、外部の専門機関への相談を促す。

・今後のことについて社外の転身も含めて、真剣に検討することを要請する。

◎予想以上に抵抗が強い場合は中断する

　第1回目の面談と異なり、面談対象者は退職勧奨を受けることがわかっています。ケースとして多くはありませんが、大声で面談者につっかかってくる、机をたたいたり椅子を蹴ったり暴れだしたりする方もおられます。場合によっては面談を中断して日を改めてください。

8 面談者のトレーニング⑥
（面談の基本的態度）

　以下の5つの基本的態度にもとづいて面談に臨むようにお伝えください。

◎面談対象者のプライドを大切にする

使用者（面談者）と従業員（面談対象者）の立場は対等です。相手のプライドを傷つけることが無いように、話す言葉・話し方にも気をつけて臨むようにしてください。

◎偉ぶったり、威圧的な振る舞いはしない

普段のコミュニケーションでは、上司である面談者は部下である面談対象者に指示をしたり、叱責したりすることもあるでしょう。しかし退職勧奨の面談においては対等な立場ですから、普段とは違う場であることを認識してください。

◎正しい予備知識を持って面談に臨む

このトレーニングでお伝えしていることを頭に入れた上で面談に臨んでください。

ただし、面談の研修資料や面談シナリオは面談の場には持ち込まず、原則として印刷することは控えてください。

◎良い聴き手になる

面談対象者から話を引き出すことが面談者の重要なミッションです。面談対象者が話しやすいように相槌を打つなど、雰囲気づくりも努めて行ってください。

◎相手にわかるように話す

会社のおかれている状況などを話すとき、必要以上に英語や横文字を多用することをせずに、面談対象者に「明確に伝える」ことを意識して話してください。

　退職勧奨の面談では、相手に威圧感を感じさせたり、恐怖心を煽るような行為は、面談対象者から話を引き出すことができなくなり、逆効果となります。

　当協会では面談者の座る位置についても配慮いただくようにお伝えしています。具体的には心理学的な効果としてスティンザー効果を面談者にご説明しています。

＜スティンザー効果＞

　アメリカの心理学者スティンザー氏の研究による「小集団における心理的効果・原則」少人数のミーティングにおける心理学的法則の１つです。

　詳しくはインターネットで検索していただくと良いのですが、退職勧奨面談においての気を付けるべき点は「真正面で相対しない」ということです。

OK例

目線をあえてずらすことで、
対立感や圧迫感を軽減する。

座る位置によって与える印象は異なる

NG例

正面から直視し合うことは
対立感や圧迫感を与えることになる。

9 面談者のトレーニング⑦
（特に気をつけるべき注意点）

◎**面談者は原則２名で、自由な意思を尊重できるような雰囲気で行いましょう。**

　面談者…部長クラスの上司

　記録者…人事（労務にかかわる質問が出たときに対応できる）

　この布陣で臨まれるのが一般的です。

　仮に３名以上で面談を行ったとしても、それがすぐに違法となることはありませんが、面談対象者が「威圧的に面談をされた」と感じた場合はのちに問題になる可能性が高まります。また１対１で行うこともお勧めしません。いったいわないの話になってしまう可能性もありますし、密室で何が行われたかが誰にもわからないことになります。のちに遺恨を残さないようにするためにも、原則は面談者と記録を取る者の２名で臨んでください。

◎**面談は業務として行う。時間は上限60分程度とする**

　面談は業務(仕事)として実施してください。理由は以下のとおりです。

・仕事の一環として行うことで、面談を拒否することができない。

・業務として行うことで、弁護士や労働組合幹部の同席・立会いを拒否できる。

　※仮に、やむをえず定時外に面談を行う場合は時間外勤務扱いとする

◎**場所は会社施設内とする。自宅に押しかけたり、電話するような行為は避ける**

　業務として行う面談ですので、基本的には会社内で実施してください。業務内で行うものですから、面談者が自宅に押しかけたり、電話をす

ることは絶対にしないでください。

　逆に、面談対象者が面談者の自宅に押しかけたり、携帯電話に直接電話をしてきた場合においても、その場では話すことはせず、面談の場で話すように伝えてください。

◎面談回数は、１人当たり３〜４回程度、実施する

　面談の回数制限は法律で特に定められてはいません。しかし、社会一般的に鑑みて多すぎる面談回数となる場合は、万が一、訴訟になったときに退職"勧奨"ではなく退職"強要"と判断される可能性があります。

　また、面談の頻度についても**１週間程度の間を空けて**実施するようにしてください。理由としては回数と同様、訴訟になった際に強要と判断されないためです。

---

10 面談者のトレーニング⑧
（面談の心構えと注意事項）

◎面談の心構えについて

・経営幹部、あるいはマネージャーとして、構造（業績）改革を進める中で、この機会に個々人が自分のキャリアを一段掘り下げて考えることの必要性を理解してもらい、自身の今後のキャリアについて真剣に検討してもらう場であること。

・現職場での自身の評価の認識をしっかりと共有し、低評価の方については、このままでは同じ仕事を与えることができないことを伝達する。

・あくまで本人の意思（同意）を尊重する姿勢で臨む。

・退職候補者にとっては、ある意味でまたとないチャンスであることを認識して面談する。

※好条件の退職加算金／会社都合による退職金／転職支援／再就職支援など

◎面談外での注意事項

・面談期間中は、部下と飲みに行くのは避ける。

　職場の全員が参加するような飲み会や懇親会であれば問題ありませんが、お酒の量は極力控えてください。お酒がもとで失言をしてしまう可能性が増しますし、面談対象者からすると楽しそうに談笑しているだけでも「私はこんなに面談で疲弊しているのに…」といった、いらぬ反感を買うことになりかねません。同じ理由で面談期間中は職場内の私的な飲み会も控えるようにしてください。

・SNSによる発信も控える。

　お酒と同じ理由です。面談者である上司が楽しそうにしている投稿を目にして、良い気持ちになることは無いでしょう。

・面談内容についてE-mailやメッセージのやりとりを避ける。

　面談で話す内容については、面談の場でしかやり取りをしないでください。特にメールなどは内容が形に残ってしまいます。形に残ることでプラスにはたらくことは原則としてありません。面談の場のみに留めてください。

・ICレコーダーを隠し持っている（録音されている）前提で面談を行う。

　今の時代はスマホをポケットに入れたままでも録音ができますし、ペン型の録音機能があるICレコーダーも安価で手に入れることができます。仮に録音してよいか聞かれた場合は断ってください。

11 面談者のトレーニング⑨
（面談でいってはいけない言葉）

面談者の禁句をご紹介していきます。非常に重要なパートです。

◎「解雇・クビ・辞めろ」などの直接的な言葉

　これまで繰り返しお伝えしてきたとおり、退職勧奨は解雇とはまったく異なります。一方的な解雇と違い、お互いに歩み寄って社外へ転進してもらうことがゴールです。しかし、わかっていても感情的になってしまい、このような発言をしてしまった中小企業の経営者を何名かみてきました。「自分は大丈夫」とは思わず、正しく理解し、自身の発言に責任を持って臨んでください。

◎退職を強要するような表現

　「退職しなければ仕事を取り上げる」
　「退職しなければ評価が悪くなる（不利益に取扱う）」
　「まわりもあなたに退職してもらいたいと思っている」
　など、面談対象者が退職をするしか選択の余地がないと思わせてしまう発言は絶対にNGです。対象者の選択の自由を奪ってしまうことになり、退職強要とみなされる可能性が高くなります。

◎謝るような態度や発言

　退職勧奨は、自社の将来にとって必要なことであるという認識に立って堂々とした態度で臨むことです。会社は後ろめたいことをやるわけではありません。
　よくあるのは、「申し訳ないけれど…」「すまないが…」といったような枕詞を多用するケースです。普段からこのような枕詞が口癖になって

しまっている方もいらっしゃるので、退職勧奨の面談では絶対にいわないように気を付けてください。

◎感情的な発言・尊厳を傷つけるような発言・法律に触れるような発言

人材の採用についても同様ですが、【国籍／宗教／性別／信条／社会的身分などの問題】には触れないことです。特に普段から部下を強く叱責しているような上司の方は気を付けてください。

◎責任逃れに思われてしまう表現

「俺はやりたくないんだけど」

「自分は納得しいていないが、会社が決めたからしょうがない」

「人事がやれといってうるさい」

このような発言をする面談者に退職勧奨をされたらどう思うでしょうか。多くの方は「それだったら、面談者であるあなたが面談をやめさせるように会社にいってくれ」となるに違いありません。面談者は使用者の代理を務める役割であることをしっかり認識してください。

12 面談者のトレーニング⑩ （ロールプレイ）

ここまでで一通りの退職勧奨に必要な知識を面談者に教えてきました。

ここからは退職勧奨の面談を疑似体験していただく、最後の重要なパートです。

【ロールプレイの目的】

・面談者が面談対象者役を演じることで、退職勧奨をされる側の気持

ちを体験する。

・面談シナリオの重要性を理解し、実践することで基本的な流れを頭
　に叩き込む。

・シナリオ外の質問や問いかけに対しての対処法を知る。

【ロールプレイの実施方法】

・面談者役と面談対象者役に分かれる（奇数で人数が余る場合は観察
　者役にまわす）。

・準備しておいた面談シナリオを参加者全員に配布する。

・面談トレーナーの合図を皮切りに、第一回目の面談シナリオに沿っ
　て疑似面談（ロールプレイ）を行う。

・ロールプレイが終わったら、それぞれに「どのように感じたか」感
　想を聞く。

・役を入れ替えて、もう一度、第一回目面談のロールプレイを行う。
　その際に面談対象者役にはシナリオをそのまま読むのではなく、わ
　ざと答えにくい質問をアドリブするように伝え、実施する。

・ロールプレイ終了後、答えにくい質問があったかを確認し、トレー
　ナーは回答する。

・役を入れ替えて、第二回目の面談シナリオに沿ってロールプレイを
　行う。

・その後も役を入れ替えて、面談対象者役に答えにくい質問や問いか
　けをするよう伝え、再度、第二回目のロールプレイを行う。

・面談トレーナーがロールプレイで答えにくい質問を収集し、回答例
　を示す

・実際の面談の場で答えられない質問については、焦らずに「次回の
　面談で回答する」という対処法を授け、ロールプレイを終了する。

・ロールプレイで配布した面談シナリオはロールプレイ実施後に速や
　かにシュレッダー処理する。

【退職勧奨の要点まとめ】

　最後に面談者に下記のまとめを伝えて面談者トレーニングを終了します。

◎退職勧奨面談は本人（被面談者）の社外転進を勧めること。

◎退職するかどうかは本人の自由意思であるということ。

◎面談によって、会社に残ることを「諦めてもらう」のが目的。
　「説得や議論をして納得してもらう」ことは目的ではない。

◎退職をしなかった場合の処遇は会社側で決めておく。

※ただし、あからさまな嫌がらせ人事はNG。合理的な理由をもって、
　異動・配置換え・職種転換・転勤等を行う。

【労働紛争の解決手段について】

解決手段・制度 （　）内は主体者	概要
行政による指導・監督 （労働基準監督署）	・長時間労働、残業代未払いなどの法律違反に是正勧告を行う ・労働契約に関するトラブルは管轄外
団体交渉 （労働組合）	・会社と団体交渉を行い、解決を図る。従来の社内労働組合のほか、近年は社外の合同労組の活躍が目立つ
あっせん （各都道府県労働局）	・専門家が立ち会っての話し合い。和解案を提示。和解内容に強制力はない。開催は1回。無料
労働審判 （地方裁判所）	・裁判官と専門家が調停、審判を行う。最大3回開催し、2〜3か月で決着。 ・通常訴訟に比べ低コスト
通常訴訟 （裁判所）	・裁判官が法廷で判決を下す。判決まで数年を要したり、弁護士費用の負担が大きい

第五章

退職勧奨にかかわる
Q&A集

1 従業員の退職・解雇に関する Q&A

Q1

　中途採用で雇用した社員が、思ったよりも仕事ができません。試用期間中であれば従業員を解雇できますよね？　「試用期間」ですから。

A1

　できるかできないかという議論でいえば、結論として、解雇することは可能です。

　しかし、雇用を開始してから14日以内か15日を超えているかによって対応が異なります。

（14日以内の場合）

　解雇事由が明確である場合は解雇することができます。しかし、今回のケースのように「仕事が思ったよりできない」、「コミュニケーションスキルが低い」、「協調性に欠いている」といったような抽象的な理由では、後になってから解雇が不当だと訴えられた場合に負ける可能性が高いです。

　「本人ができるといっていたスキルが、雇用してみるとまったくできなかった」といった明確な理由が必要です。この場合には解雇予告手当は支払う必要がありません。

（15日を超えている場合）

　試用期間であっても、普通に雇用している従業員と同等の扱いが必要になります。つまり、懲戒解雇・普通解雇・整理解雇のどれかに当てはめて解雇をすることになります。そして普通に雇用している従業員と同様に、労働基準法に定められている解雇予告手当を支払う必要があります。

　このような問題は大企業も含めて多くの会社で起こっています。試用
期間中の解雇事由についても明確に就業規則に定めておくことをお勧め
します。

Q2

　出勤状況が芳しくない正社員（期間の定めがない雇用契約）がいます。
月に1日か2日は体調不良や家庭の事情などで欠勤の連絡があり、休ん
でいます。この社員に危機感を持ってもらいたいので、契約社員（期間
の定めがある）に切り替えることはできますか？

A2

　結論からいいますと、雇用形態を切り替えることは可能です。
　ただし、会社の一方的な通告による雇用形態の切り替えはできません。
従業員との合意があることが大原則です。
　今回のケースを鑑みるに、月に1日か2日の欠勤ということは総労働
日数のうち8割以上は出勤し、労働しています。そして無断欠勤ではな
く、事前に連絡をしてきているという事実もありますので、出勤不良に
よる解雇も難しいでしょう。
　従業員と面談をし、同意が得られれば雇用形態の切り替えは可能です
が、その際に「パートに切り替えをするか、辞めるか選べ」といったよ
うな選択の自由を損ねるような交渉をするのはNGです。従業員にとっ
てもメリットのある提案をし、交渉を進めるようにしましょう。

Q3

　従業員から「会社を辞めたい」という相談がありました。会社として
も退職しても問題がないと判断したので、口頭で本人に今月末で退職し

てよい旨を伝えました。職場としては欠員となるため、新たな従業員の採用活動をして、1名の採用が決まりました。しかし、辞めるといっていた従業員が、「やっぱり辞めたくない」と言い出しました。この従業員を解雇できますか？

A3

　まず結論として、解雇することは難しいといわざるを得ません。辞めるといったのに辞めないというのは、解雇に相当する事由にはなりません。なんとか辞めてもらおうとするのであれば、退職勧奨を行うほかないでしょう。今回のケースでまずかったのは、すべて口頭でのやり取りになっており、書面で証拠を残していないことです。

　退職の意思を示した時点ですみやかに退職届を書いてもらい、会社として受理するといった手順を踏んでいれば、あとになって「やっぱり辞めない」といわれたとしても、問題なく雇用契約を解除することができます。

　ちなみに退職届や退職願は受け取っただけではなく、会社として受理したという事実が必要です。書類の中に受領印を押印する箇所を設けておくことを強くお勧めします。

Q4

　営業部の従業員の1人ですがプライベートで問題が多く、しかもどうやら営業で取引先に訪問をするといいながら、訪問していないこともあるようです。この社員を解雇することは可能でしょうか？

A4

　結論として、解雇事由にあたる事実を積み重ねることで解雇は可能です。

　ただし、事実を積み重ねることが重要です。ポイントは、問題が起こった際に始末書や顛末書などの書面を従業員本人に記載させ、書面を残していくことが必要になるということです。また、ここでいう問題とは、業務上支障があることを指しています。

　今回のケース以外にも、従業員個人の金銭問題や異性交遊に関する問題などがあるケースは現実にも多くあります。会社として、むやみに従業員のプライベートに踏み込むことはNGですが、業務中にプライベートの電話をするなどの労務上の服務専念義務に違反するケースや、その従業員の行動によって会社としての秩序が乱される場合、社外への信用を著しく失うような場合等においては、積み重ねることで解雇の事由にすることが可能です。

Q5

　退職したいと申し出てきた正社員の従業員がおり、申し出てきた日から20日後に退職したいといってきました。就業規則上は30日前までに申し出ることを定めており、業務の引き継ぎをしてもらう必要があるので、30日後に退職するよう伝えるつもりですが問題ないでしょうか？

A5

　今回のケースでは従業員の希望を受け入れるべきと判断します。

　民法627条によれば、「当事者が雇用の期間を定めなかったときは、各当事者は、いつでも解約の申入れをすることができる。この場合において、雇用は、解約の申入れの日から２週間を経過することによって終了する」としています。つまり、原則として２週間前までに退職の申し出をすることで、従業員は一方的に雇用契約を終了できるということです。

　就業規則と民法はどちらが優先されるか、これは原則として民法（法律）が優先されるケースがほとんどです。

20日後の退職日にむけて、できる限り引継ぎをしてもらうように当該従業員にお願いし、もし有給休暇が残っている場合については有給休暇の買い取りを提案してもよいでしょう。

　ちなみに、有給休暇の買い取りは原則として禁止されています。ですが、退職時の残り有給休暇日数については、従業員の不利にならないため、例外的に認められています。

　業務の引き継ぎを優先してもらいたい場合においては、このような提案も有効だと思います。

2　退職勧奨面談時に戸惑わないためのQ&A

Q6

　対象者から「面談の内容を録音してもいいですか？」といわれたらどうしたらよいですか？

A6

　「この面談は業務として実施している面談です。普段の会議や打ち合わせでは録音はしていないと思いますので、差し控えてください」と回答してください。

　ただし、スマホ等で黙って録音されてもわかりません。録音されていると思って面談に臨むことが大事です。

Q7

　対象者から「私は外部の労働組合に入りました。これからこの面談に

外部の方を同席させてほしい」といわれたらどうしたらよいですか？

A7

「この面談は会社とあなたの今後について実施している業務としての面談です。外部の方が同席することはできません」と回答してください。

外部労組と聞いておどろかないように面談者に事前に対策しておくことです。

Q8

退職勧奨の面談の際に飲み物は出す必要がありますか？　その際の適切な飲み物は？

A8

シンプルに水がよいでしょう。特に熱い飲み物は絶対にNGです。

理由は、感情的になった面談対象者にかけられてしまう可能性があるからです。色の付いた飲み物も避けましょう。

Q9

面談は何名で対応したらよいですか？

A9

２名で対応いただくのがベターです。多くとも３名までです。「対象者の直属の部長」と「人事」が望ましいでしょう。直属の部長が面談を行い、人事が内容を記録します。

３名以上で面談を行った場合、後に争いになったときに状況だけを鑑みて「強要」と受け取られかねないためです。

Q10

ずっと黙っている、沈黙している被面談者への対応はどのようにしたらよいですか？

A10

「沈黙されているということは、ご理解いただけていると考えてよろしいですね？」と釘を刺して面談を進めてください。

外部の労働組合に相談して、入れ知恵されて黙っているケースが多いように見受けられます。

Q11

なぜ、今回このような措置（早期退職・希望退職の募集）をとるのか、なぜこのような決定がされたのか、と質問されたらどう答えればよいでしょうか？

A11

「厳しい経営環境が続いており、今の時点で人員規模を縮小してスリムにしなれば、企業として生き残りができないという判断です。これはもはや非常事態であり、生き残りをかけて経営の改革を断行します。

解雇をするわけではありません。しかし、整理解雇の4要件（①人員整理の必要性、②解雇回避努力義務、③被解雇者選定の合理性、④解雇手続の妥当性）の③解雇回避努力の一環であり、このままでは『会社という船が沈む』」ということを説明します。

Q12

なぜ、今の時期に希望退職制度（早期退職制度）を実施するのか？

A12

「今後の経営の厳しさを考えたとき、現在の人員をスリム化しなければ経営の維持は到底図れません。また企業が体力のある時でなければ、社員に対して満足な支援もできません。このようなことを総合的に勘案し、現時点での制度発足がベストであると判断しました。

今ならまだ整理解雇に踏み込まずに、社外に出る方にインセンティブ（退職一時金、再就職支援、転職支援期間）が設けられます。募集期間以後については制度を利用できません」と説明します。

Q13

将来もまた、同様な措置（希望退職制度）があるのか。今回応募しなくても、また次があるのか？

A13

「今後のことはあるとも無いともいえません。ただし今回の条件以上の制度は無いと思って結構です。現時点での会社のだせる精一杯の制度、条件です」と説明します。

2020年３月30日の日経新聞に掲載されていたように、今回のコロナショックは解雇の必要性が容認される可能性は十分あります。会社としては解雇というお互いにデメリットしかないことをせずに合意解約（会社都合）でできる限りの支援をする意図を伝えます。

Q14

　希望退職を募るということは、社員を大事にしていないということで
はないですか？

A14

　「このままでは経営の維持が難しいという判断のもとで、将来の危機
を回避する施策を実施することは、長い目でみれば社員全体のためにな
ると確信しています。

　**大事にしているからこそ、社外転進する方にもできる限りの支援を用
意している**」と伝えます。

Q15

　役員の経営責任はどうとるのか？　報酬を減らすのか？　数を減らす
のか？

A15

　「厳しい経営環境にいたった責任については、なるべく早い時期に具
体的に示します」と説明します。

　**ここに至るまでに役員報酬カット等の措置を講じていた場合でも上記
のように答えるのがベターです。役員報酬がいくら、等の各論には応じ
ません。**

Q16

　あなた（面談者）自身は、どうするのか？　会社を辞めるのか？

A16

「この仕事をやり遂げるのが、私の現在の職務と考えています。私の今後に関するコメントは差し控えさせていただきます」と回答します。

退職勧奨面談は、被面談者のための面談です。他者のことについては言及しません。

Q17

希望退職制度の加算金水準は他社に比べて安くないか？

A17

「業界自体の収益性や個別企業の状況等で単純な比較はできませんが、希望退職制度の希望者に対し、**退職金に加え、加算金の支給、さらに、転職支援策を準備している等の内容**は手厚い内容であるという評価を、専門機関からいただいています」と説明します。

専門機関として挙げられるのは、専門のコンサルティング会社・再就職支援会社・社会保険労務士・弁護士などです。

Q18

今日の面談で聞いた話はどの程度まで口外していいのか？

A18

「経営の厳しさや希望退職措置の内容については、すでに周知されている内容ですから、おっしゃっていただいて結構です。ただし、ご自分の評価や期待については、この制度の応募期間が終わるまで話題にしないようお願いします」と回答します。

人の口に戸は立てられないませんが、面談者に対する評価や期待も会社としての機密情報です。特にＡ・Ｂ・Ｃなどランク分けをしている場合は釘を刺しておいたほうがいいでしょう。

そもそも面談の意図は「対象者の今後のキャリアについて」です。

Q19

このような希望退職制度を実施すること自体、会社の今後の経営にとってイメージダウンにならないか？

A19

「まず、企業存続のためのやむをえない措置だということを再認識してください。産業界において、また社会一般においても、人員削減を含めたリストラクチュアリングについて、一定の理解が得られています。また、今回の措置においては退職される方に対して会社が現状で出来得る限りの支援を行っています。これらの点から、イメージダウンにはそれほどつながらないと考えています」と説明します。

この質問は会社として残ってほしい人材が問いかけてくることがあります。きちんと「イメージダウンにならない」と言い切り、安心させましょう。

3 組合交渉におけるQ&A

Q20

団体交渉の申し入れを社外労組から受けました。指定された日時は申

し入れのあった日の３日後の午前９時です。どのように対処すればよい
でしょうか？

A20

指定された日時に実施する必要はありません。

団体交渉を業務より優先的にしなければならない法律はありません。
堂々と日時変更の申し入れをし、交渉への準備を進めていきましょう。

※**団体交渉を断ったり、無視することは誠実交渉義務に反するため絶
　対にNGです。**

Q21

団体交渉の場所について、適切な場所は？

A21

社外の貸会議室など第三者の施設が適切です。

社内で行うことはNGです。従業員の目に触れますし、どんな人物が
来るかも当日までわかりません。外部労組の事務所に行く必要もありま
せん。近くの喫茶店での面談もNG。誰が何人来るかわかりません。

利用時間の設定ができる貸会議室がベストです。

Q22

団体交渉において必要な準備はどのようなものがありますか？

A22

◎適切な日時と場所の確保

　※所定労働時間外に行うのがベターです。

◎出席者および人数についての事前取り決め

※経営者が絶対に出席しなければならないということはありません。

◎出席者の意見を一致させておくこと

◎議題について労組側に確認

労組との取り決めについては、文書で確認が取れるようにしておきます。

Q23

（士業やコンサルタント業の場合）顧問先やクライアントの経営者から、社外労組との団体交渉の場に一緒にきてほしいと依頼されましたが、どうすればよいでしょう？

A23

同席・助言まではOKですが、弁護士以外の交渉代理はNGです。社外労組はこのあたりの法律、つまり非弁行為となることを熟知しています。あくまでもアドバイスをする立場で臨んでください。

各種書式集

書式集

（会社都合による退職同意書）

退職同意書

　株式会社○○（以下甲という）と○○（以下乙という）は雇用契約の解約について以下の条項を定め、同意することとする。

1．甲と乙は、当事者間の雇用契約を令和○年○月○日限りにて解約するものとする。
2．甲は、乙に対し、退職金として金○万円、早期特別退職加算金として○万円を令和○年○月○日に乙の指定する口座に振り込むこととする。
3．甲は、雇用契約の合意解約に関して離職証明書の離職事由については、会社都合の扱いで処理するものとする。
4．乙が在職中に知り得た甲の営業情報および機密事項、また甲の保有する個人情報に関わる一切の資料について、退職後に漏洩させることなく、自ら利用しないものとする。仮に乙が甲の営業情報および機密事項、個人情報を退職以後に利用した場合については、2項に定めた早期特別退職加算金を乙は甲に返還することとする。

　上記の同意の証として本書を2通作成し、各々1通を保管することとする。

令和○年○月○日

甲　住所　○県○市○町
株式会社○○ 代表取締役 ○○　㊞

乙　住所　○県○市○町
氏名　○○　㊞

解雇通知書

○部○課 ○○殿

　貴殿は、直近の○か月において、合計○回の遅刻・早退・欠勤を繰り返し行い、当社は文書および口頭にて貴殿に対して勤務態度を改めるよう注意してきました。

　これらの点について当社は貴殿に対して、その都度、貴殿に弁明の機会を与えてきましたが、弁明には客観的に見て合理性が認められませんでした。

　また、これまでの始末書および顛末書に自省される旨が記載されていましたが、貴殿の勤務態度は改まることがありませんでした。

　この事実をもって、当社就業規則第○条○項に基づき、貴殿を令和○年○月○日付をもって解雇することを通知します。

令和○年○月○日
株式会社○○ 総務部　○○

（解雇理由証明書）

解雇理由証明書

○○殿

当社が、令和○年○月○日付けであなたに予告した解雇については、以下の理由によるものであることを証明します。

令和○年○月○日

株式会社○○　代表取締役

氏名 ○○　㊞

【解雇理由】※以下いずれかを選択し、理由を記入

1　天災その他やむを得ない理由

（具体的には、○○によって事業の継続が不可能となったこと）による解雇

2　事業縮小等による当社の都合

（具体的には、○○となったこと）による解雇

3　職務命令に対する重大な違反行為

（具体的には、貴殿が○○したこと）による解雇

4　業務における不正な行為

（具体的には、貴殿が○○したこと）による解雇

5　勤務態度又は勤務成績が不良であったこと

（具体的には、貴殿が○○したこと）による解雇

6　その他

（具体的には、貴殿が○○したこと）による解雇

（出向命令書）

辞令

○部○課　○○殿

　令和○年○月○日をもって、貴殿に対し、当社就業規則第○条○項に基づき、株式会社○○への出向を命ずる。

　出向期間中の労働条件については、当社出向規定にもとづくものとする。
　出向期間中の勤務場所については、出向先機関の規定にもとづき、決定するものとする。
　なお、当社における業務については休職とする。

令和○年○月○日
株式会社○○　総務部　　○○

（転籍同意書）

同意書

株式会社○○　御中

　令和○年○月○日をもって貴社を退職し、○月○日付をもって株式会社○○へ転籍し、同社にて勤務することに異議なく同意いたします。

令和○年○月○日

○部○課　　○○

（休職通知書）

休職通知

○部○課 ○○殿

　貴殿は業務外の傷病により、令和○年○月○日から通算して○日間、欠勤状態となっており、かかりつけ医師である○○医師の○月○日付けの診断書によれば、○か月の療養を要するとの事実を確認しております。

　よって、当社就業規則第○条○項にもとづき、貴殿を今後○か月間の私傷病休職とすることとしますので、その旨通知します。

令和○年○月○日
株式会社○○ 総務部　○○

（休職期間満了時の退職通知）

通知

○部○課 ○○殿

　貴殿は業務外の傷病により、令和○年○月○日より休職期間に入っていましたが、今回、当社就業規則第○条○項に定める休職期間の満了にあたって、職務に復帰できる旨の医師の診断書が貴殿から提出されませんでした。

　そして、再三お電話と電子メールにてご連絡させていただきましたが、ご返信いただけませんでした。

　よって、当社は貴殿が復職することは不可能であると判断せざるを得ず、当社就業規則第○条○項に基づき、令和○年○月○日をもって貴殿は当社を退職したとの取り扱いとします。

令和○年○月○日
株式会社○○ 総務部　○○

（始末書）

始末書

株式会社○○ 御中

　私は、令和○年○月○日の業務時間中に業務とは関係の無い遊戯施設に立ち寄り、約60分間にわたり業務を離れているところ、上司である○○の電話連絡からこの事実が発覚し、厳重な注意を受けました。

　軽い気持ちで業務から離れたことを猛省しており、今後については、業務時間中は業務に邁進し、以後このようなことが絶対にないようにすることを誓います。

　もし今後、私が業務時間中に関して会社にご迷惑をかけ、信用を失墜するような行為をしてしまったときには、いかなる処分も受け、不服を申し立てません。

令和○年○月○日

○部○課　　○○

（貸与物返還通知書）

通知

〇市〇町〇丁目〇番〇号 〇〇殿

前略 貴殿におかれましては、益々ご健勝のことお慶び申し上げます。
　さて、貴殿は令和〇年〇月〇日をもって当社を退職されましたが、在籍時に当社が貴殿に貸与いたしました以下の物品が未だ返還されておりませんので、速やかに当社総務部までご返還くださいますよう、ご通知申し上げます。

1．健康保険証

2．社員証、社章

3．会社より貸与しているパソコン、および付帯する機器

4．その他、貴殿が所持する当社所有物

　また、当社内で使用いただいていたデスクやロッカー内に、貴殿の私物と思われるものが残されたままとなっております。
　私物については総務部にて保管しておりますので、本書面到達後2週間以内に取りに来られるよう、お願いいたします。
　来社される際には、総務部〇〇（03-0000-0000）まで事前に日程をお知らせください。

令和〇年〇月〇日
株式会社〇〇 総務部　〇〇

あ と が き

　本書の内容はネガティブな内容と捉えられる方が多いと思います。しかし当協会が本書を出版させていただいたのは、「会社も従業員も前向きに次のステップに踏み出すことができる適材適所な世の中にしたい」という意図が込められています。

　男女関係で例えるのは下世話な話ですが、後味の悪い別れ方と、お互いに納得した上でそれぞれの道に向かうための別れは、同じ別れでも大きく異なります。

　大企業の人事担当者であっても、法律の専門家であっても、本書に書かせていただいた実務内容について詳しく知っている人はほとんどいらっしゃいません。なぜなら、このノウハウはこれまで一部のコンサルタントだけが持っているブラックボックスに入っていたノウハウだからです。

　当協会はこのブラックボックスに入っているノウハウをあえて開示しました。もっとも大きな理由は中小企業と、中小企業で働く従業員の両者を救いたいという想いです。

　世の中の99.7％を占める中小企業が元気になることが、経済を活性化させ、そこで働く従業員を豊かにし、精神的にも物的にも豊かな世の中を作っていくことになると信じ、筆を置かせていただきます。

<読者特典>
①書式集のWordデータをプレゼントします。カスタマイズしてお使いください。
②当協会のセミナー動画をご視聴いただけます。
　★下記URLよりお申込みください
https://forms.gle/b8fzCEjYpSZRhgJv9

著者プロフィール

一般社団法人 日本イグジットマネジメント協会

　日本イグジットマネジメント協会は「会社と個人の前向きな転進を支援する」ことを目的として、世の中から不当解雇やそれにともなう争いごとをなくすことで、経営者と従業員の「円満な未来の創出」を支援しております。

　具体的な活動として、「雇用調整及び退職勧奨の支援スキルを学ぶ講座である、EXITマネージャー養成講座の運営」、EXITマネージャーの継続的な学びの場「EXITマネージャー継続実践会の運営」および「EXITマネージャーのライセンス発行」等を実施しています。

　EXITマネージャーについては士業を中心に企業の経営者及び管理部門責任者やコンサルタントの方が雇用調整や退職勧奨を正しく、実践的に学ぶ場を提供させていただいており、講座を受講いただくことで、労働問題に対して真正面から立ち向かうことができ、顧問先企業に普通の士業やコンサルタントでは持っていない価値を提供することが可能となります。

【協会の支援実績】
・某大手ケータリング関連会社の問題社員対策コンサルティング
・某税理士法人の転身支援コンサルティング
・某建設会社のセカンドキャリア支援コンサルティング
・某製造業での定年後キャリア構築のコンサルティング
・その他実績多数

退職勧奨と雇用調整の超実務

2021年2月9日初版
2022年3月18日初版2刷

著　　　者	一般社団法人 日本イグジットマネジメント協会
発 行 所	株式会社労働新聞社
	〒173-0022　東京都板橋区仲町29-9
	ＴＥＬ：03-5926-6888（出版）　03-3956-3151（代表）
	ＦＡＸ：03-5926-3180（出版）　03-3956-1611（代表）
	https://www.rodo.co.jp　　　pub@rodo.co.jp
表　　　紙	オムロプリント株式会社
印　　　刷	株式会社ビーワイエス

ISBN 978-4-89761-846-3